HEGELS DIALEKTIK

Fünf hermeneutische Studien

von

HANS-GEORG GADAMER

1971

J. C. B. MOHR (PAUL SIEBECK) TÜBINGEN

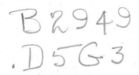
©

Hans-Georg Gadamer

J. C. B. Mohr (Paul Siebeck) Tübingen 1971

Alle Rechte vorbehalten

Ohne ausdrückliche Genehmigung des Verlags ist es auch nicht gestattet, das Buch oder Teile
daraus auf photomechanischem Wege (Photokopie, Mikrokopie) zu vervielfältigen

Printed in Germany

Satz und Druck: Buchdruckerei Eugen Göbel, Tübingen

Einband: Großbuchbinderei Heinr. Koch, Tübingen

ISBN 3 16 833031 0

INHALTSVERZEICHNIS

VORWORT

Von Hegels Dialektik geht eine beständige Irritation aus. Ein Gemisch von logischer Entrüstung und spekulativer Begeisterung befällt selbst den noch, der durch den logischen Taumel des Platonischen Parmenides hindurchgegangen ist. Ein Solcher bin ich gewesen. So stellte sich mir früh die Aufgabe, antike und Hegelsche Dialektik aufeinander zu beziehen und aneinander aufzuklären. Nicht darum ging es mir aber, über diese Methode oder Unmethode des Denkens zu reflektieren und zu einem Urteil über sie zu gelangen, sondern darum, den Anschauungsreichtum, den diese rätselhafte Erkenntnis aus Begriffen zu erwerben und zu vermitteln vermag, nicht unausgeschöpft zu lassen. Was man auch über die logischen Bedenklichkeiten der Dialektik sagen mag, wie sehr man auch der ,Logik der Forschung' den Vorzug geben mag vor der ,Logik des Begriffs' – Philosophie ist nicht einfach Forschung. Sie muß die Antizipation des Ganzen, die unser Wissenwollen umtreibt und die in der Totalität unseres sprachlichen Weltzugangs niedergelegt ist, auf sich nehmen und darüber denkende Rechenschaft geben. Das ist auch im Zeitalter der Wissenschaft und ihrer nach allen Richtungen spezialisierter Forschung sich entfaltenden Partikularität ein unabweisbares Verlangen der menschlichen Vernunft. So wird sie das Angebot des dialektischen Denkens nicht verschmähen dürfen.

Im gediegenen Denkhandwerk der Phänomenologie erzogen, schon früh durch Nicolai Hartmann und später durch Martin Heidegger mit der Hegelschen Logik konfrontiert, hat mich die Hilflosigkeit gereizt, die man vor Hegels Anspruch, die Idee des philosophischen Beweisens wiederherzustellen, empfindet. So hat mich durch die Jahrzehnte meiner eigenen Denk- und Arbeitsversuche die Aufgabe begleitet, die produktive Unklarheit des dialektischen Denkens in Klarheit vollziehen und in ihren substantiellen Gehalten ausweisen zu lernen. Trotz jahrzehntelangen Mühen war der Erfolg bescheiden. Zwischen der Scylla logischer Besserwisserei und der alles verschlingenden Charybdis der unkontrollierten Hingabe an das dialektische Spiel war es schwer, die Mitte zu halten. Vollends aber war es schwer, das, was einem im Nachvollzug des spekulativen Denkens zu verifizieren gelang, kommunikativ zu machen, ohne es neu zu verrätseln. Ohne die Hilfe, die das griechische Substrat im Denken Hegels zu bieten vermag, wäre mein Mißerfolg noch größer gewesen. So liegen einige Studien vor, von denen ich hoffe, sie möchten helfen, Hegel buchstabieren zu lernen.

Die drei Studien, die als Bruchstücke eines ungeschriebenen Buches den Kern dieses kleinen Bändchens bilden, analysieren einige Partien der ‚Phänomenologie des Geistes‘ und der ‚Wissenschaft der Logik‘. Ihnen habe ich einen Vortrag angefügt, der Hegels Heidelberger Jahre behandelt, eine Epoche, die für die Formation des Hegelschen Systems bedeutsam gewesen ist. Den Abschluß bildet eine weitere bisher ungedruckte Arbeit, die über Abstand und Anklang zwischen Hegel und Heidegger reflektiert und einen im letzten Winter in Italien gehaltenen Vortrag wiedergibt.

I

HEGEL UND DIE ANTIKE DIALEKTIK

Die von den Alten entwickelte Methode, einander entgegengesetzte Annahmen in ihre Konsequenzen zu entfalten, und zwar, wie Aristoteles sagt[1],
auch ohne das ‚Was‘ zu wissen, ist bekanntlich durch die Kantische transzendentale Dialektik der reinen Vernunft im 18. Jahrhundert neu zu Ehren gebracht worden, sofern Kant die Notwendigkeit erkannte, kraft deren sich die
Vernunft in Widersprüche verwickelt. Kants Nachfolger, Fichte, Schelling,
Schleiermacher und Hegel, haben an den Nachweis der Notwendigkeit solcher
Dialektik angeknüpft, die negative Wertung der Dialektik überwunden und
eine eigentümliche Möglichkeit der Vernunft, über die Grenzen des Verstan-
desdenkens hinauszugelangen, darin erkannt. Sie waren sich auch alle des
antiken Ursprungs der Dialektik bewußt, wie etwa Schleiermacher, der geradezu an die platonische Kunst, ein Gespräch zu führen, anknüpfte. Hegels
Dialektik aber nimmt im Vergleich zu dem Gebrauch, den seine Zeitgenossen
von der Dialektik machen, eine ganz eigene Stellung ein.

Er selbst vermißt an dem zeitgenössischen Gebrauch der Dialektik die
eigentliche Konsequenz der Methode, und in der Tat ist sein dialektisches
Vorgehen ein gänzlich anderes und eigenartiges, ein immanenter Fortgang
von einer Bestimmung zur anderen, der, dem Anspruch nach ganz ohne thetischen Einsatz, der Selbstbewegung der Begriffe folgt, ganz ohne von außen
bezeichnete Übergänge die immanente Konsequenz des Gedankens in kon-
tinuierlichem Fortgang zur Darstellung bringt. Nach seiner eigenen Ein-
schärfung sind Einleitungen, Einteilungen der Kapitel, Überschriften u. dgl.
nicht zum eigentlichen Körper der wissenschaftlichen Entwicklung gehörig,
sondern dienen einem äußerlichen Bedürfnis. Entsprechend kritisiert er an
der zeitgenössischen Philosophie (an Reinhold, Fichte u. a.), daß sie von der
Form des Satzes bzw. des Grundsatzes bei der Darstellung der Philosophie
ausgehen. Sein eigenes Verfahren gilt ihm demgegenüber als die wahre Wie-
derentdeckung des philosophischen Beweises, dessen logische Form nicht die
aus der systematischen Darstellung der Geometrie durch Euklid bekannte und
von Aristoteles in seinem Organon analysierte sein kann.

Erstdruck in: Hegel-Studien, Bd. I, Verlag H. Bouvier & Co., Bonn 1961, S. 173
bis 199, Theodor Litt zum 80. Geburtstag gewidmet.
[1] Met. M 4, 1078 b 25.

Es geht wohl auf diese Trennung der Analytik von der Dialektik, wenn Hegel in der Vorrede zur *Phänomenologie* schreibt: „Nachdem aber die Dialektik vom Beweise getrennt worden, ist in der Tat der Begriff des philosophischen Beweisens verloren gegangen" (Phän. 53)[2].

Der Sache nach könnte diese Stelle allenfalls auch auf die Zerstörung der dogmatischen Metaphysik des Rationalismus und ihrer mathematischen Beweismethode bezogen werden, die Hegel Kant und Jacobi zuschreibt (XV, 543 ff., vgl. 608). Der Begriff des philosophischen Beweisens wäre dann durch die Kantische Kritik der Gottesbeweise verloren gegangen, und dies hätte die romantische „Unmethode des Ahnens und der Begeisterung" heraufgeführt. Allein der Zusammenhang lehrt, daß nach Hegel der Begriff des philosophischen Beweisens dort gar nicht richtig verstanden ist, wo man die mathematische Beweismethode nachahmt. Es ist also wirklich eine säkular gemeinte Aussage über die Degradation der Dialektik zu einem bloßen vorbereitenden Hilfsmittel, wie sie Aristoteles mit seiner logischen Kritik an der platonischen Dialektik vorgenommen hatte. Man darf sich nur nicht dadurch beirren lassen, daß Hegel in Aristoteles gleichwohl die tiefsten spekulativen Wahrheiten wiedererkennt. Hegel betont ja ausdrücklich, daß das von Aristoteles logisch analysierte Verfahren des wissenschaftlichen Beweises, die Apodeiktik, keineswegs auf Aristoteles' eigenes philosophisches Vorgehen zutreffe. Auf alle Fälle hat aber Hegel sein eigentliches Vorbild für den Begriff des philosophischen Beweisens nicht in Aristoteles erblickt, sondern in der eleatischen und platonischen Dialektik. Es ist sein Anspruch, mit seiner eigenen dialektischen Methode die platonische Idee des Rechenschaftsgebens, der dialektischen Prüfung aller Annahmen, wieder zu Ehren gebracht zu haben. Das ist keine bloße Versicherung. Vielmehr hat Hegel wirklich als erster die Tiefe der platonischen Dialektik erfaßt. Er ist der Entdecker der eigentlich spekulativen platonischen Dialoge, des *Sophistes, Parmenides* und *Philebos,* die im philosophischen Bewußtsein des 18. Jahrhunderts überhaupt nicht existierten und erst durch ihn für die gesamte Folgezeit bis auf die ohnmächtigen Athetierungsversuche der Jahrhundertmitte als das eigentliche Kernstück der platonischen Philosophie Geltung erlangten.

Freilich ist auch die platonische Dialektik, selbst die des *Parmenides,* nach Hegel noch keine ‚reine' Dialektik, sofern sie von angenommenen Sätzen ausgeht, die als solche nicht in ihrer Notwendigkeit auseinander abgeleitet werden. In der Tat kann Hegel für sein methodisches Ideal des philosophischen Beweisens weniger den *Parmenides,* dieses „größte Kunstwerk der alten Dialektik" (Phän. 57), oder einen anderen der Spätdialoge in Anspruch neh-

---

[2] Für die Hegel-Zitate verwende ich folgende Abkürzungen: Phän. = Phänomenologie des Geistes. Hrsg. v. J. Hoffmeister, 6. Aufl. Hamburg 1952. – Enz. = Enzyklopädie der philos. Wissenschaften (nach §§ zitiert). – Die bloße Angabe von Band- und Seitenzahlen verweist auf die Ausgabe der „Freunde des Verewigten", Berlin 1832 ff.

men, als vielmehr den Stil der sokratischen Gesprächsführung überhaupt, jene immanente Plastik, d. h. Selbstfortbildung des Gedankens, die er der sokratischen Gesprächsführung nachrühmt. Er hat ohne Zweifel richtig erkannt, daß die farblose Rolle, die die Partner des sokratischen Gesprächs spielen, der immanenten Folgerichtigkeit der Gedankenführung zugute kommt. Er lobt die sokratischen Partner als wahrhaft plastische Jünglinge, die auf die Selbstgefälligkeit und Willkürlichkeit eigener Einfälle, die den Fortgang des Gedankens stören würden, zu verzichten bereit sind [3]. Der großartige Monolog seines eigenen dialektischen Philosophierens erfüllt sein Ideal der immanenten Selbstentfaltung des Gedankens freilich in einer ganz anderen methodischen Bewußtheit, die weit mehr an das Methodenideal Descartes', an das Lernen des Katechismus und an das der Bibel anknüpft. So verschlingt sich in Hegel auf eigenartige Weise die Bewunderung der Alten mit dem Bewußtsein der Überlegenheit der neueren, durch das Christentum und seine reformatorische Erneuerung bestimmten Wahrheit.

Es ist das Generalthema der Neuzeit, die querelle des anciens et des modernes, das in Hegels Philosophie seinen monumentalen Austrag findet. So sei, bevor in die Prüfung der Einzelanknüpfungen Hegels an griechische Vorbilder eingetreten wird, sein eigenes Bewußtsein vom Stande dieses alten Streites zwischen den Alten und den Neueren erörtert. Hegel schreibt in der Vorrede zur *Phänomenologie*: „Die Art des Studiums der alten Zeit hat diese Verschiedenheit von der der neuern, daß jenes die eigentliche Durchbildung des natürlichen Bewußtseins war. An jedem Teile seines Daseins sich besonders versuchend und über alles Vorkommende philosophierend, erzeugte es sich zu einer durch und durch betätigten Allgemeinheit. In der neuern Zeit hingegen findet das Individuum die abstrakte Form vorbereitet; die Anstrengung, sie zu ergreifen und sich zu eigen zu machen, ist mehr das unvermittelte Hervortreiben des Inneren und abgeschnittene Erzeugen des Allgemeinen als ein Hervorgehen desselben aus dem Konkreten und der Mannigfaltigkeit des Daseins. Jetzt besteht darum die Arbeit nicht so sehr darin, das Individuum aus der unmittelbaren sinnlichen Weise zu reinigen und es zur gedachten und denkenden Substanz zu machen, als vielmehr in dem Entgegengesetzten, durch das Aufheben der festen bestimmten Gedanken das Allgemeine zu verwirklichen und zu begeisten. Es ist aber weit schwerer, die festen Gedanken in Flüssigkeit zu bringen, als das sinnliche Dasein" (Phän. 30). Diese Stelle lehrt uns: Das Spekulative und im Hegelschen Sinn Produktive der antiken Philosophie liegt in der Reinigung des Individuums von der unmittelbaren sinn-

---

[3] Ich glaube noch heute, daß die von mir in Platos dialektische Ethik (1931) aufgewiesene vorbereitende Funktion, die die sokratisch-platonische Dialogführung für die Idee der ‚Wissenschaft' hat, wichtiger ist als jene Vorformen der Apodeiktik, die *F. Solmsen* für die Ursprungsgeschichte der aristotelischen Apodeiktik im platonischen Werk aufgespürt hat (Die Entwicklung der aristotelischen Logik und Rhetorik, Berlin 1929, besonders S. 255 ff.).

lichen Weise des Erkennens und in der Erhebung zur Allgemeinheit des Gedankens. Es ist klar, daß Hegel hier vor allem an Plato und Aristoteles denkt.
Platos große Leistung war es ja, die sinnliche Gewißheit und die auf ihr
fußende Meinung als Schein zu enthüllen und das Denken dergestalt auf sich
selbst zu stellen, daß es ohne Einmischung der sinnlichen Anschauung, in der
reinen Allgemeinheit des Denkens, die Wahrheit des Seins zu erkennen strebt.

In Plato erkennt Hegel die erste Ausbildung der spekulativen Dialektik,
sofern Plato darüber hinausgehe, allein das Besondere zu konfundieren – das
taten auch die Sophisten – und so mittelbar das Allgemeine hervorgehen zu
lassen: Plato strebe vielmehr danach, das Allgemeine selbst, „das was als Bestimmung gelten soll", rein für sich zu betrachten, d. h. aber nach Hegel, es in
seiner Einheit mit seinem Gegenteil zu erweisen. Und Aristoteles ist für Hegel
gerade deshalb der eigentliche Lehrer des Menschengeschlechts, weil er Meister
ist im Zusammenbringen der verschiedensten Bestimmungen zu einem Begriff:
er nimmt *alle* Momente der Vorstellung, unverbunden wie er sie findet, auf,
läßt nicht Bestimmtheiten weg und hält auch nicht erst die eine Bestimmung
fest und dann wieder die andere, sondern sie zumal in Einem. In der All-
seitigkeit der Analyse sieht Hegel das Spekulative auch in Aristoteles.

Die Aufgabe der Philosophie in der neueren Zeit besteht nach Hegel umgekehrt darin, durch das Aufheben der festen bestimmten Gedanken das
Allgemeine zu verwirklichen und zu ‚begeisten'. Was das heißt, wird uns später
beschäftigen. Für jetzt entnehmen wir dieser tiefsinnigen Gegenüberstellung
in der Vorrede zur *Phänomenologie* den Hinweis, daß die antike Philosophie
der Flüssigkeit des Spekulativen näher stehen könnte als die neuere, weil ihre
Begriffe noch nicht von dem Boden der konkreten Mannigfaltigkeit, die sie
begreifen sollen, abgelöst sind: sie sind die zur Allgemeinheit des Selbstbewußtseins zu erhebenden Bestimmungen, in denen „alles Vorkommende"
im natürlichen, sprachlichen Bewußtsein gedacht wird. Dadurch hat die antike
Dialektik für Hegel eine generelle Auszeichnung, daß sie stets *objektive* Dialektik ist. Wenn sie ihrem eigenen Sinne nach negativ genannt werden muß,
ist sie nicht im Sinne der Neueren negativ: nicht unser Denken ist das Nichtige, sondern die Welt als das Erscheinende *selbst* (vgl. XIII, 327). Aus der
Gegenüberstellung zur neueren Philosophie geht nun aber hervor, daß es mit
der bloßen Erhebung zur Allgemeinheit des Gedankens nicht genug sein kann.
Es besteht die Aufgabe, in dieser unmittelbar betätigten Allgemeinheit die
„reine Gewißheit seiner selbst", das Selbstbewußtsein zu entdecken. Das ist
nach Hegel das Mangelhafte des antiken philosophischen Bewußtseins: daß
der Geist noch ganz in die Substanz versenkt ist – hegelisch gesprochen: daß
die Substanz nur ‚an sich' der Begriff ist –, daß er sich überhaupt noch nicht in
seinem Für-sich-sein, als Subjektivität, weiß und damit sich auch nicht bewußt
ist, im Begreifen des Vorkommenden sich selbst zu finden.

Stellt sich somit die antike Dialektik für Hegel nach diesen beiden Momenten dar, so werden diese – positiv und negativ – auch für den Sinn der Hegel-

schen Dialektik ausschlaggebend sein, d. h. diese Dialektik wird ‚objektiv' sein wollen und nicht eine solche unseres Denkens allein, sondern des Gedachten, des Begriffes selbst sein. Und als solche Dialektik des Begriffs wird sie die Entwicklung zum Begriff des Begriffs, zum Begriff des Geistes selbst vollbringen müssen.

Hält man die Einheitlichkeit dieses doppelten Anspruches fest, so erhellt, daß der Sinn der Hegelschen Dialektik nicht nur dann verfehlt wird, wenn man darin eine bloß subjektive Denkmechanik sieht, mit Hegel zu reden, „ein subjektives Schaukelsystem von hin- und herübergehendem Räsonnement, wo der Gehalt fehlt" (Enz. § 81). Es ist ein nicht minder großes Mißverständnis, wenn man die Dialektik Hegels aus der Aufgabenstellung der Schulmetaphysik des 18. und 20. Jahrhunderts beurteilt, die Welttotalität in einem System von Kategorien zu begreifen. Die Hegelsche Dialektik wird dann der richtungs- und aussichtslose Versuch, dies Weltsystem als ein universales Beziehungssystem von Begriffen zu konstruieren.

Seit Trendelenburgs Kritik am Anfang der Hegelschen Logik, welche die immanente Schlüssigkeit der Aufhebung des dialektischen Widerspruchs in einer höheren Einheit bestreitet, hat sich dieses Mißverständnis allgemein verbreitet. Trendelenburg glaubte, etwas Kritisches zu sagen, wenn er nachwies, daß der dialektische Fortgang von Sein und Nichts zum Werden bereits die Anschauung der Bewegung benötige: als ob es nicht die Bewegung des Selbstbewußtseins ist, die sich in allen Gedankenbestimmungen, auch in der des Seins, denkt. Trendelenburgs Kritik ist noch für Dilthey überzeugend und bildet eine letzte Schranke für sein Bemühen, das Wertvolle und Bleibende in der Hegelschen Dialektik zu erkennen. Auch Dilthey versteht Hegels Logik als den Versuch, in einem Relationssystem von Kategorien die Welttotalität zu begreifen, und kritisiert als die entscheidende Illusion, daß Hegel an dem Weltganzen das System der in ihm enthaltenen logischen Beziehungen ohne eine solche Unterlage entwickeln wollte, wie sie noch Fichte in der Selbstanschauung des Ich gehabt habe[4]. Als ob nicht Hegel schon in der Jenenser Zeit, wie Rosenkranz berichtet, ausdrücklich erklärt hätte, das Absolute habe „nicht nötig, dem Begriff sogleich die Form des Selbstbewußtseins zu geben und ihn etwa Ich zu nennen, um ja in dem Gegenstande seines Wissens sich immer seiner selbst zu erinnern... Sondern dem Wissen als der Einheit des allgemeinen und einzelnen Selbstbewußtseins ist eben dies sein Element und Wesen selbst der Gegenstand und Inhalt seiner Wissenschaft und muß daher auf gegenständliche Weise ausgesprochen werden. Und so ist er das Sein. In ihm als dem einfachen, absoluten Begriffe weiß es sich unmittelbar als Selbstbewußtsein, so daß es ihm bei diesem Sein nicht einfällt, damit etwas dem Selbstbewußtsein Entgegengesetztes ausgesprochen zu haben..."[5]. Wer das

---

[4] Vgl. *W. Dilthey*, Gesammelte Schriften, Bd. 4, Leipzig u. Berlin 1921, S. 226 ff.
[5] Dokumente zu Hegels Entwicklung. Hrsg. v. J. Hoffmeister, Stuttgart 1936, S. 350 f.

verkennt, dem ist freilich der lineare Fortgang der dialektischen Begriffs-
entwicklung „ein toter, endloser Faden", und dem erscheint es als ein Einwand, wie ihn nach Dilthey auch andere (J. Cohn, N. Hartmann) bei dem
gleichen Versuch, die Hegelsche Dialektik positiv auszuwerten, erhoben haben:
Das System der Beziehungen der logischen Begriffe sei vielseitiger und ent-
halte mehr Dimensionen, Hegel habe es oft gewaltsam in die einheitliche Linie
seines dialektischen Fortschrittes gepreßt.

Dieser Einwand hat in gewissem Sinne recht, nur ist er kein Einwand. Hegel
braucht es nicht zu leugnen und weiß selber, daß seine Darstellung die Notwendigkeit der Sache nicht immer erreicht. Er scheut sich daher nicht, in wiederholten Gängen dialektischer Entfaltung, die nebeneinanderstehen, sich auf
immer wieder andere Weise der wahren Gliederung der Sache anzunähern.
Gleichwohl ist es kein willkürliches Konstruieren, das auf einen Faden reiht,
was gar keine echte Folgeordnung hat. Denn was den dialektischen Fortgang
bestimmt, sind nicht die Begriffsrelationen als solche, sondern daß man in
jeder dieser Gedankenbestimmungen das ‚Selbst' des Selbstbewußtseins denkt,
das jede dieser Bestimmungen auszusagen beansprucht und das zur vollen logischen Darstellung doch erst am Ende, in der „absoluten Idee", kommt. Die
Selbstbewegung des Begriffs, der Hegel in seiner Logik zu folgen sucht, beruht
also ganz und gar auf der absoluten Vermittlung von Bewußtsein und Gegenstand, die Hegel in seiner *Phänomenologie des Geistes* zum ausdrücklichen
Thema machte. Sie bereitet das Element des reinen Wissens, das keineswegs
ein Wissen der Welttotalität ist. Denn es ist überhaupt nicht Wissen von Seien-
dem, sondern mit dem Wissen des Gewußten ist es immer zugleich Wissen des
Wissens. Das ist der von Hegel ausdrücklich festgehaltene Sinn der Transzendentalphilosophie. Nur weil der gewußte Gegenstand vom wissenden Subjekt
gar nie getrennt werden kann, d. h. aber, im Selbstbewußtsein des absoluten
Wissens in seiner Wahrheit ist, gibt es eine Selbstbewegung des Begriffs.

Für die Dialektik der *Phänomenologie des Geistes* gilt ähnliches. Ihre Bewegung ist selber die Bewegung des Aufhebens des Unterschiedes von Wissen
und Wahrheit, an deren Ende erst die totale Vermittlung desselben, die Gestalt
des absoluten Wissens, hervorgeht. Gleichwohl ist auch für diese Dialektik das
Element des reinen Wissens, des Sich-selbst-Denkens im Denken aller Bestimmungen, bereits vorausgesetzt. Bekanntlich hat sich Hegel ausdrücklich
gegen das Mißverständnis verwahrt, als sei seine *Phänomenologie des Geistes*
eine propädeutische Einführung, die noch nicht den Charakter der Wissenschaft habe. Der Weg der Erhebung des gemeinen Bewußtseins zum philosophischen, die Aufhebung des Unterschieds des Bewußtseins, d. h. der Spal-
tung von Bewußtsein und Gegenstand, ist vielmehr der *Gegenstand* der phänomenologischen Wissenschaft. Sie selbst steht bereits auf dem Standpunkt der
Wissenschaft, auf dem dieser Unterschied überwunden ist. Eine Einführung,
die der Wissenschaft vorhergeht, kann es nicht geben. Das Denken fängt mit
sich selbst, d. h. mit dem Entschluß zu denken, an.

Ob es sich also um die Logik oder um die Phänomenologie handelt, oder um welchen Teil der spekulativen Wissenschaft immer, das Bewegungsgesetz dieser Dialektik hat seinen Grund in der Wahrheit der neueren Philosophie, der Wahrheit des Selbstbewußtseins. Gleichwohl stellt die Hegelsche Dialektik zugleich auch eine Wiederaufnahme der antiken Dialektik dar, und zwar in einer Ausdrücklichkeit, wie sie vor Hegel weder im Mittelalter noch in der Neuzeit jemandem auch nur in den Sinn gekommen war. Das können schon die frühesten Entwürfe seines Systems, die sog. *Jenenser Logik,* lehren. Zwar ist dort der dialektische Aufbau recht locker. Die traditionellen Disziplinen der Philosophie stellen die Gliederung des Ganzen noch auf relativ unverbundene Weise dar. Die dialektische Meisterschaft Hegels bewährt sich hier mehr im einzelnen der Analyse, die mit der Umschmelzung der Tradition zu einem einheitlichen dialektischen Fortgang noch nicht zu Ende gekommen ist. Gerade diese Unfertigkeit im ganzen läßt aber im einzelnen den geschichtlichen Ursprung des verarbeiteten Materials besonders deutlich erkennen. Heidegger hat bereits in *Sein und Zeit* auf den Zusammenhang der Zeitanalyse der *Jenenser Logik* mit der aristotelischen *Physik* hingewiesen[6]. Eine andere Beobachtung bezeugt noch eindringlicher die Befruchtung Hegels durch die antike Dialektik. Das Kapitel von dem Satz der Identität und des Widerspruchs[7] verrät im Aufriß wie in der Terminologie eine so enge Beziehung zum platonischen *Parmenides,* wie sie in dem entsprechenden Abschnitt der *Logik* nicht kenntlich ist. In der *Jenenser Logik* heißt es für die Verschiedenheit geradezu noch ‚das Viele‘.

In der Tat ist die Idee der Hegelschen Logik eine Art Einholung des Ganzen der griechischen Philosophie in die spekulative Wissenschaft. So sehr ihn der Ausgangspunkt der neueren Philosophie, daß das Absolute Leben, Tätigkeit, Geist ist, bestimmt, so ist es doch nicht die Subjektivität des Selbstbewußtseins, in der er das Fundament alles Wissens sieht, sondern die Vernünftigkeit alles Wirklichen, also ein Begriff des Geistes als des wahrhaft Wirklichen, der ihn ganz in die Tradition der mit Parmenides beginnenden griechischen Nousphilosophie einfügt. Am auffälligsten zeigt sich das in seiner Art, die abstraktesten Begriffe von Sein, Nichts und Werden, die ersten der Weltgeschichte der Philosophie, ebenso aber auch den Übergang vom Dasein zum Daseienden als einen homogenen Prozeß der Fortbestimmung des Gedankens zu entfalten. Das Gesetz dieser Fortbestimmung ist offenbar, daß diese einfachsten und ältesten Begriffe des Denkens „an sich“ schon Definitionen des Absoluten, das Geist ist, darstellen und sich deshalb in dem Begriff des sich selber wissenden Wissens vollenden. Es ist die Bewegung des Erkennens, die sich erstmals in der Dialektik der Bewegung wiedererkennt, mit der das griechische Denken seinen Gang begonnen hat.

---

[6] *M. Heidegger,* Sein und Zeit, S. 432 f.

[7] *Hegel,* Jenenser Logik, Metaphysik und Naturphilosophie. Hrsg. v. G. Lasson, Hamburg 1923, S. 132 ff.

Das bestätigt eine Formulierung Hegels, die er aus Anlaß der zenonischen Dialektik gibt: „Daß die Dialektik zuerst auf die Bewegung gefallen, ist eben dies der Grund, daß die Dialektik selbst diese Bewegung oder die Bewegung selbst die Dialektik alles Seienden ist" (XIII, 313). Der Widerspruch, den Zeno im Begriff der Bewegung nachwies, sei als ein solcher zuzugeben, nur daß damit nichts gegen die Bewegung, sondern umgekehrt das Dasein des Widerspruchs erwiesen sei. „Es bewegt sich etwas nur, nicht indem es in diesem Jetzt hier ist und in einem anderen Jetzt dort (dort, wo es jeweils ist, ist es eben nicht in Bewegung, sondern in Ruhe), sondern indem es in ein und demselben Jetzt hier und nicht hier, indem es in diesem Hier zugleich ist und nicht ist." Am Phänomen der Bewegung wird die *Selbstheit* des Geistes ihrer gleichsam zum ersten Male und in unmittelbarer Anschaulichkeit gewiß, und zwar dadurch, daß der Versuch, Bewegung als etwas anzusprechen, was ist, zum Widerspruch führt. Was sich bewegt, dem kommt nicht in seinem Sein das Prädikat, hier zu sein, zu und auch nicht, dort zu sein. Bewegung selber ist überhaupt kein Prädikat des Bewegten, kein Zustand, in dem sich ein Seiendes befindet, sondern eine Seinsbestimmung höchst eigener Art: Die Bewegung ist „der Begriff der wahren Seele der Welt; wir sind gewohnt, sie als Prädikat, Zustand, anzusehen [– weil unser Auffassen und Ansprechen als solches prädiziert und damit fixiert], aber sie ist in der Tat das Selbst, das Subjekt als Subjekt, das Bleiben eben des Verschwindens" (VII, 64 ff.).

Das Problem der Bewegung steht auch hinter der platonischen Dialektik der Spätzeit, der Hegel seine besondere Aufmerksamkeit gewidmet hat. Die erstarrte Ruhe eines Kosmos von Ideen kann die letzte Wahrheit nicht sein. Denn die ‚Seele', die diesen Ideen zugeordnet ist, ist Bewegung, und der Logos, der die Beziehung der Ideen zueinander denkt, ist notwendigerweise eine Bewegung des Denkens, und das heißt eine Bewegung des Gedachten. Mag immer es nicht ohne Widerspruch zu denken sein, in welchem Sinn Bewegung Sein sein soll, die Dialektik der Bewegung, d. h. der Widerspruch, zu dem die Aufgabe führt, Bewegung als Sein zu denken, kann nicht hindern, das notwendige Mitsein der Bewegung mit dem Sein anzuerkennen. Das ist das klare Ergebnis des *Sophistes,* und von hier aus kann auch der „Umschlag im Nu", diese höchst wunderbare Natur des Plötzlichen, von der *Parmenides* redet, am Ende nur in einem positiven Sinne verstanden werden.

Der Zusammenhang von Bewegung und Denken liegt aber vor allem der aristotelischen Philosophie als ein zentrales Motiv zugrunde[8]. Hier sei nur daran erinnert, wie der oberste spekulative Begriff des Aristoteles, der Begriff der Energeia, diesem Zusammenhang Ausdruck gibt. Energeia steht für Aristoteles im Gegensatz zur Dynamis. Da Dynamis aber für ihn eine rein ontologische Bedeutung hat, keineswegs mehr allein die Möglichkeit zu bewegen meint, sondern eine Möglichkeit zu sein, und daher die Seinsweise dessen

---

[8] Diesen Zusammenhang verfolgt *W. Bröcker,* Aristoteles, 2. Aufl. Frankfurt 1957.

charakterisiert, was Hyle, d. h. Materie, ontologisch gesehen, ist, erhält auch der Begriff der Energeia, der ihm entspricht, eine rein ontologische Funktion[9]. Er meint die reine Anwesenheit als solche, die in ihrer Reinheit dem unbewegten Beweger, dem Nous, der Vernunft zukommt, d. h. dem, was im eigentlichsten und höchsten Sinne seiend ist. Der Begriff der Energeia, den Aristoteles als reine Anwesenheit denkt, ist aber ohne Zweifel ursprünglich ein Bewegungsbegriff und bezeichnet den wirklichen Vollzug im Gegensatz zur bloßen Möglichkeit oder Fähigkeit. Auch wenn das höchste Seiende ganz ohne Dynamis, also reine Energeia ist, und das heißt, daß in ihm keine Bewegung sein kann, da zu aller Bewegung Dynamis gehört, klingt offenbar doch in dem Begriff der Energeia, der das Sein formuliert, etwas vom Wesen der Bewegtheit fort. Die reine Energeia übertrifft noch die eigentümliche Ständigkeit, die die Kreisbewegung auszeichnet, und ist gleichsam als eine Überbietung derselben gedacht[10]. Nur weil das so ist, kann Aristoteles offenbar meinen, daß er über die bloße dialektische Entgegensetzung von Sein und Nichtsein in der Bestimmung der Bewegung hinaus ist und daß er Plato hinter sich gelassen hat, wenn er das Wesen der Bewegung durch „Energeia des Möglichen als Möglichen" definiert.

Wie sehr die Dialektik der Bewegung, die derart das platonische und aristotelische Philosophieren beherrscht, dem Interesse Hegels entgegenkam, der „die absolute Tendenz aller Bildung und Philosophie" darin sah, daß das Absolute als Geist bestimmt werde, wird sich bei der genaueren Prüfung von Hegels Selbstanknüpfung an die griechische Philosophie noch deutlicher zeigen. Das Problem, das die Bewegung dem Denken stellt, ist das Problem der Kontinuität, des συνεχές. Daß Hegels eigene Aufgabenstellung an diesem Problem hängt, beweist sein Begriff der Gediegenheit des dialektischen Vorgangs, in dem sich der Zusammenhang von Denken und Bewegung reflektiert. Aber auch dort, wo man sich der absoluten Vermittlung der Hegelschen Dialektik zu entziehen sucht, setzt sich das Problem als solches bezeichnenderweise dennoch durch, z. B. in Trendelenburgs logischen Untersuchungen, in Hermann Cohens Begriff des Ursprungs, in der steigenden Anerkennung, mit der Hegel von Dilthey gewürdigt wird, aber auch in Husserls Lehre von der Intentionalität und dem Bewußtseinsstrom, speziell der Fortbildung derselben zu der Lehre von der Horizontintentionalität und den ‚anonymen' Intentionalitäten, schließlich in Heideggers Entdeckung der ontologischen Fundamentalstellung der Zeit.

Angesichts der Kontinuität, die dergestalt zwischen der Dialektik der Bewegung und der Dialektik des Geistes besteht, ist Hegels Selbstanknüpfung

---

[9] Es ist vor allem Metaphysik ΗΘ, wo der ontologische Sinn der Dynamis von Aristoteles herausgearbeitet wird.

[10] Man muß die Lehren von der reinen Energeia immer gegen den Hintergrund der Theorie der Bewegungsweisen in den Nomoi X (893 b–899) sehen, vgl. vor allem 898 a. Vgl. ʿÜber das Göttliche . . .' in Kleine Schriften III.

an die antike Philosophie sachlich wohl begründet. Aber nun stellt sich die Frage, wie Hegels eigenes Bewußtsein von dem Gegensatz zwischen alter und neuerer Zeit und von der Gegensätzlichkeit der Aufgabe, die dem Denken dort und hier gestellt war, in der Art seiner methodischen Anlehnung an die antike Dialektik zum Ausdruck kommt. Es ist ja sein Anspruch, durch die Dialektik die Verflüssigung der starren Verstandeskategorien zu leisten, in deren Gegensatz das neuere Denken befangen sei. Der Dialektik soll es gelingen, den Unterschied von Subjekt und Substanz aufzuheben, das in die Substanz versenkte Selbstbewußtsein und seine reine, für sich seiende Innerlichkeit als unwahre Gestalten ein und derselben Bewegung des Geistes zu begreifen. Hegel gebraucht für die Verflüssigung der traditionellen Verstandeskategorien der Ontologie den charakteristischen Ausdruck des ‚Sichbegeistens‘. Sie sollen ja nicht mehr das Sein im Gegensatze zum Selbstbewußtsein, sondern den Geist als die eigentliche Wahrheit der neueren Philosophie begreifen. Während sie ihrer griechischen Herkunft nach Begriffe sind, die das Sein der Natur, also das Vorhandene aussagen sollen und an der Bewegtheit des Naturhaften zur Dialektik gebrochen werden, soll nun umgekehrt ihre Negation, ihre Zuspitzung zum Widerspruch in sich selbst, die höhere Wahrheit des Geistes hervorgehen lassen. Weil es das Wesen des Geistes sei, den Widerpruch festzuhalten und in ihm sich selbst als die spekulative Einheit der Gegensätze zu erhalten, wird für die neuere Philosophie der Widerspruch, der für das antike Denken der Aufweis der Nichtigkeit war, zu etwas Positivem. Die Nichtigkeit des bloßen Vorhandenseins, des als Sein Ausgesagtseins, läßt die höhere Wahrheit dessen hervortreten, „was Subjekt oder der Begriff“ ist. Davon ist in der antiken Dialektik nichts. Sogar der platonische *Parmenides* gibt sich selbst als eine ergebnislose Übung. Wie erklärt sich bei dieser Sachlage, daß Hegel die antike Dialektik wieder zu beleben meinte? Mag auch die Dialektik der Bewegung eine echte Entsprechung zur Dialektik des Geistes zeigen – wie kann Hegel meinen, daß diese negative Dialektik der Bewegung, die Zeno entwickelt und die Plato auf einem höheren Reflexionsniveau wiederholt, für seine eigene dialektische Methode ein methodisches Vorbild sei? Wie sollen jene ergebnislosen Bemühungen das wahre Resultat beweisen, daß das Absolute Geist ist?

Um diese Frage zu klären, müssen wir Hegels eigene Aussagen über seine dialektische Methode in Erinnerung rufen. Es ist die Fragwürdigkeit der Form des Satzes für das spekulative Wesen der Philosophie, von der dabei auszugehen ist. Am Anfang aller Besinnung über die Logik der spekulativen Philosophie steht die Einsicht, daß die Form des Satzes (bzw. des Urteils) ungeschickt ist, spekulative Wahrheiten auszudrücken (vgl. Enz. § 31). Die Forderung der Philosophie ist, zu begreifen. Dieser Forderung kann die Struktur des Satzes und des gewöhnlichen Verstandesurteils nicht genügen. Im gewöhnlichen Urteil ist das Subjekt das, was zugrunde liegt (ὑποκείμενον = Subjectum), worauf sich der Inhalt, das Prädikat, als sein Akzidens bezieht.

Die Bewegung des Bestimmens läuft an diesem als seiend Gesetzten, dem Subjekt, als an einer festen Basis hin und her. Es kann als das und auch als das, in einer Hinsicht so, in anderer Hinsicht anders bestimmt werden. Die Hinsichten, unter die das Subjekt im Urteil gestellt wird, sind ihm selbst äußerlich. Das bedeutet, daß es jeweils auch unter andere Hinsichten gestellt werden kann. Das Bestimmen ist also der Sache äußerlich und entbehrt aller Notwendigkeit des Fortgangs, sofern die feste Basis des Subjekts all dieser Bestimmungen über einen jeden Inhalt, der ihm beigelegt wird, hinausreicht, da ihm ja auch andere Prädikate beigelegt werden können. Alle solche Bestimmungen sind also äußerlich aufgenommen und stehen äußerlich nebeneinander. Selbst dort, wo ein geschlossener Deduktionszusammenhang das Ideal eines schlüssigen Beweises zu erfüllen scheint, wie das vom mathematischen Erkennen gilt, erkennt Hegel (in der Vorrede zur *Phänomenologie*) noch immer eine solche Äußerlichkeit. Denn die Hilfskonstruktionen, durch die ein geometrischer Beweis etwa ermöglicht wird, werden nicht aus der Sache selber mit Notwendigkeit deduziert. Sie müssen einem einfallen, auch wenn ihre Richtigkeit schließlich durch den Beweis einsichtig gemacht wird.

Hegel nennt alle solche Formen des Verstandesurteils mit polemischer Schärfe ,Raisonnement'. Das Raisonnement hat einmal eine negative Form, die heute noch in der Wortbedeutung von raisonnieren nachklingt. Aus der negativen Einsicht, „daß dem nicht so sei", wird nicht ein wirklicher Fortgang der Erkenntnis der Sache gewonnen, so daß etwa das Positive, das in jeder Negation liegt, zum Inhalt der Betrachtung würde. Vielmehr bleibt das Raisonnieren bei dieser eitlen Negativität stehen und reflektiert sich in sich selbst. Es gefällt sich im Beurteilen und ist damit überhaupt nicht bei der Sache, sondern immer darüber hinaus. „Statt in ihr zu verweilen und sich in ihr zu vergessen, greift solches Wissen immer nach einem Andern und bleibt vielmehr bei sich selbst, als daß es bei der Sache ist und sich ihr hingibt" (Phän. 11). – Wichtiger aber ist, daß auch das sogenannte positive Erkennen in dem Sinne Raisonnement ist, daß es das Subjekt zur Basis macht und von einer Vorstellung zur anderen fortläuft, die es auf dieses Subjekt bezieht. Für beide Formen des Raisonnierens ist charakteristisch, daß die Bewegung dieses denkenden Auffassens an der Sache als einer unbewegten und ruhenden verläuft und für sie selbst äußerlich ist.

Dagegen ist das spekulative Denken begreifendes Denken. Das natürliche Ausgreifen des Bestimmens über das Subjekt des Satzes hinaus zu anderem hin, durch das die Sache sich als dieses oder jenes bestimmt, wird gehemmt: „Es erleidet, es so vorzustellen, einen Gegenstoß. Vom Subjekte anfangend, als ob dieses zum Grunde liegen bliebe, findet es, indem das Prädikat vielmehr die Substanz [= subjectum] ist, das Subjekt zum Prädikat übergegangen und hiermit aufgehoben; und indem so das, was Prädikat zu sein scheint, zur ganzen und selbständigen Masse geworden, kann das Denken nicht frei herumirren, sondern ist durch diese Schwere aufgehalten" (Phän. 50). Die

Bewegung des begreifenden Denkens, die Hegel mit diesem und einer Reihe ähnlicher Bilder beschreibt, bezeichnet er selbst als etwas Ungewohntes. Sie stellt für das vorstellende Verhalten eine Zumutung dar. Man will über eine Sache etwas Neues erfahren und greift daher über die Grundlage des Subjektes hinaus zu etwas anderem, das ihm als Prädikat beigelegt wird. In philosophischen Sätzen dagegen geht es ganz anders zu. Da gibt es keine feste Grundlage des Subjekts, die man als solche gar nicht mehr befragt. Man kommt hier nicht im Denken zu einem Prädikat weiter, das etwas Anderes meint, sondern wird durch dasselbe genötigt, auf das Subjekt selber zurückzugehen. Man nimmt nicht etwas Neues, Anderes als Prädikat auf, denn indem man das Prädikat denkt, vertieft man sich in Wahrheit in das, was das Subjekt ist. Das subjectum geht also als feste Grundlage gerade dadurch verloren, daß das Denken im Prädikat nicht ein anderes denkt, sondern es selbst im Prädikat wiederfindet. In den Augen des gewöhnlichen Vorstellens ist daher ein philosophischer Satz immer so etwas wie eine Tautologie. Der philosophische Satz ist identischer Satz. In ihm hebt sich der vermeintliche Unterschied von Subjekt und Prädikat auf. Er ist überhaupt nicht mehr im eigentlichen Sinne Satz. In ihm wird nichts gesetzt, das nun bleiben soll. Denn das ‚Ist‘, die Copula des Satzes, hat hier eine ganz andere Funktion. Es sagt nicht mehr das Sein von etwas mit etwas anderem aus, sondern beschreibt jene Bewegung, in der das Denken vom Subjekt ins Prädikat übergeht, um in ihm den festen Boden, den es verliert, wiederzufinden.

Hegel erläutert das etwa an dem Beispiel: „Das Wirkliche ist das Allgemeine.“ Dieser Satz besagt nicht nur, daß das Wirkliche allgemein sei, sondern das Allgemeine soll das Wesen des Wirklichen aussprechen. Sofern der Begriff des Wirklichen in diesem Satz näher bestimmt wird, geht das Denken über ihn nicht hinaus. Das Wirkliche wird ja nicht als etwas anderes bestimmt, sondern als das, was es ist. Indem es sich als das Allgemeine erweist, ist das Allgemeine das wahre Subjekt des Denkens, d. h. aber, das Denken geht in sich selbst zurück. Die Reflexion dieses Denkens ist Reflexion in sich, da es ja nicht über etwas reflektiert, aus seinem Inhalt herausgeht, andere Reflexionsbestimmungen heranzieht, sondern sich in seinen eigenen Inhalt versenkt, in das, was das Subjekt selbst ist. Das nun ist nach Hegel das Wesen der dialektischen Spekulation: nichts anderes zu denken als solche Selbstheit und damit das Selbstsein selbst zu denken, als das sich das Ich des Selbstbewußtseins immer schon weiß. Insofern ist die Subjektivität des Selbstbewußtseins das Subjekt aller Sätze, deren Prädikate die einfachen Abstraktionen, rein für sich gedachten Bestimmtheiten des Gedankens sind.

Die philosophische Spekulation beginnt also mit dem „Entschluß, *rein denken* zu wollen“ (Enz. § 78). Rein denken besagt, nur das Gedachte denken, nichts denken als es selbst. So sagt Hegel einmal, die Spekulation sei die reine Betrachtung dessen, was als Bestimmung gelten soll. Eine Bestimmung denken heißt, nicht etwas anderes denken, dem die Bestimmung zukommt, ein anderes, das nicht sie selbst ist. Die Bestimmung soll vielmehr in sich selbst gedacht, d. h. als das, was sie ist, bestimmt werden. Damit aber ist sie in sich selbst sowohl das Bestimmte wie das Bestimmende. Indem das Bestimmen sich auf sich selbst bezieht, ist das Bestimmte zugleich das andere seiner selbst. Damit aber ist es bereits zu dem in ihm selbst gelegenen Widerspruch zugespitzt und befindet sich in der Bewegung seiner Aufhebung, d. h. es stellt sich die ‚einfache Einheit‘ dessen her, was sich in den Gegensatz von Identität und Nichtidentität, als die Negation seiner selbst, auseinander warf. ‚Rein denken‘, das nichts anderes in einer Bestimmung denkt als sie selbst, nichts in ihr mitdenkt, was die Vorstellung mit vorzustellen pflegt, entdeckt also in sich selbst das Fortbestimmende. Erst dort, wo die vollendete Vermittlung aller Bestimmungen, die Identität der Identität und Nichtidentität gedacht wird, im Begriff des Begriffs bzw. des Geistes, kann die Bewegung dieses Fortgangs in sich selbst zur Ruhe kommen. Die spekulative Bewegung wird daher von Hegel als immanent-plastisch bezeichnet, d. h. sie bildet sich aus sich selbst fort. Ihr Gegenteil ist der Einfall, das Dazubringen von Vorstellungen, die in einer Bestimmung nicht selbst gesetzt sind, sondern die einem bei ihr einfallen und die eben deshalb in den immanenten Gang solcher Selbstfortbildung der Begriffe störend einfallen. Wie das subjektive Denken, dem etwas einfällt, durch den Einfall aus der Richtung seines bisherigen Denkens fortgelenkt wird, so wird von Hegel auch das Einfallen der äußeren Vorstellung als die Ablenkung von der Vertiefung in den sich selbst fortbestimmenden Begriff gefaßt. In der Philosophie gibt es also keine guten Einfälle. Denn jeder Einfall ist ein unnotwendiger, unverbundener und uneinsichtiger Übergang zu etwas anderem. Das Philosophieren aber soll nach Hegel der notwendige und einsichtige, ‚gediegene‘ Fortgang des Begriffes selbst sein.

Diese formale Charakteristik der Fortbestimmung des Denkens in sich selbst steht nicht in der Notwendigkeit, erst zu beweisen, daß die sich auftuenden Widersprüche selber in einem neuen Positum, einem neuen einfachen Selbst, zur Einfachheit zusammengehen. Der neue Inhalt wird nicht eigentlich deduziert, sondern ist schon immer als das erwiesen, was die Härte des Widerspruches aushält und sich darin als eines festhält: das Selbst des Denkens.

Wenn wir zusammenfassen, so sind es drei Momente, die das Wesen der Dialektik nach Hegel ausmachen. *Erstens:* Das Denken ist das Denken von etwas an ihm selbst, für sich. *Zweitens:* Als solches ist es notwendiges Zusammendenken widersprechender Bestimmungen. *Drittens:* Die Einheit widersprechender Bestimmungen ist dadurch, daß sie sich in ihr aufheben, das eigentliche Selbst. – Alle drei Momente glaubt Hegel in der antiken Dialektik wiederzuerkennen.

Wenden wir uns zunächst zu dem ersten, so liegt schon in der ältesten griechischen Dialektik solches Fürsichdenken von Bestimmungen klar am Tage. Nur der Entschluß, rein denken zu wollen und die Vorstellung abzuhalten, konnte zu der ungeheuren Kühnheit des Gedankens führen, durch die die

eleatische Philosophie ausgezeichnet ist. Und es ist in der Tat schon die be-
wußteste Handhabung solchen Denkens, was wir bei Zeno, etwa in den
ersten drei Fragmenten der Dielsschen Sammlung, die aus Simplicius stammen,
finden. Wenn dort von Zeno gezeigt wird, daß, wenn Vieles wäre, es unendlich klein sein müßte, weil es aus größelosen kleinsten Teilen bestünde, und
zugleich unendlich groß sein müßte, weil es aus einer unendlichen Vielheit
solcher Teile bestünde, so beruht dieses Argument darauf, daß die beiden
Bestimmungen der Kleinheit und der Vielheit der Teile je für sich gedacht
werden und je für sich zu Bestimmungen des Vielen führen. Auch das zweite
der Momente, das Zusammendenken widersprechender Bestimmungen, ist in
dieser Argumentation gelegen, sofern sie ja eine indirekte Widerlegung der
Hypothesis des Vielen sein soll. Das ist sie aber nur, sofern Kleinheit und
Größe schlechthin dem Vielen zukommen sollen – und nicht in verschiedener
Hinsicht. Ein Auseinanderhalten der verschiedenen Hinsichten der Vielheit
und der Kleinheit würde den Widerspruch gerade verhindern. Die Argu-
mentationsform entspricht genau dem, was das Altertum dem ‚eleatischen Palamedes' zuschrieb: daß zu jedem Satz auch sein Gegensatz zu untersuchen sei, und daß beide Sätze je für sich in ihre Folgerungen zu entwickeln
seien. Freilich ist der Sinn dieses Fürsichdenkens und Zusammendenkens der
Bestimmungen bei Zeno ein negativ-dialektischer. Das durch solchen Widerspruch Bestimmte ist eben als widerspruchsvolles selbst nicht und nichtig. Das
dritte von uns herausgehobene Moment der Hegelschen Dialektik, die Positivität des Widerspruchs, fehlt also hier.

Allein auch diese glaubt Hegel in der antiken Dialektik aufzeigen zu können, und zwar zuerst bei Plato. Oft genug hat freilich nach Hegel die Dialektik bei Plato nur die negative Aufgabe, die Vorstellungen zu konfundieren.
Als solche ist sie nur eine subjektive Spielart der zenonischen Dialektik, die
mit den Mitteln der äußeren Vorstellung und ohne positives Resultat jede
Behauptung zu widerlegen weiß, eine Kunst, die besonders von den Sophisten
betrieben wurde. Aber darüber hinaus sieht Hegel in Plato eine positiv-
spekulative Dialektik, eine solche, die nicht zu objektiven Widersprüchen nur
deshalb führt, um ihre Voraussetzung aufzuheben, sondern die den Widerspruch, die Antithetik des Seins und Nichtseins, der Differenz und der In-
differenz im Sinne ihrer Zusammengehörigkeit, also einer höheren Einheit
versteht. Hegel ist bei dieser Deutung der platonischen Dialektik vor allem
durch den platonischen *Parmenides* bestimmt, dessen ontotheologische Aus-
deutung durch den Neuplatonismus ihm vor Augen stand. Dort wird ganz im
Sinne einer radikalisierten zenonischen Dialektik das Umschlagen einer Setzung in ihre Gegensetzung vorgeführt – und zwar durch eine Vermittlung,
die eine jede dieser Bestimmungen abstrakt für sich denkt. (Freilich macht
Hegel, wie wir schon anführten, bezüglich der Dialektik des *Parmenides* die
Einschränkung, daß sie noch nicht reine Dialektik sei, sondern mit gegebenen
Vorstellungen anfange, wie z. B. dem Satz: „Das Eine ist." Aber nimmt man

einmal diesen unnotwendigen Anfang hin, dann ist – meint Hegel – diese Dialektik ‚vollkommen richtig‘.)

Der *Parmenides* steht jedoch bei Plato ganz für sich. Daß der Aufweis der Widersprüche im *Parmenides* einen positiven Beweissinn hat und nicht nur eine propädeutische Übung ist, die die Starrheit der Ideenannahme und den ihr zugrunde liegenden starren eleatischen Seinsbegriff auflösen soll, das bleibt mindestens problematisch. Nun liest aber Hegel auch den platonischen *Sophistes* mit der Vormeinung, daß dort Dialektik im selben Sinne vorliege wie im *Parmenides,* und aufgrund dieser Vormeinung findet er im *Sophistes* in der Tat die Positivität absoluter Widersprüche ausgesprochen. Das Entscheidende, was er da zu lesen meint, ist, daß Plato lehre, das Identische sei in ein und derselben Rücksicht als das Verschiedene zu erkennen. Hegel kommt zu dieser Meinung, wie schon längst nachgewiesen worden ist[11], durch ein totales Mißverständnis der Stelle Soph. 259 b. Er übersetzt: „Das Schwere und Wahrhafte ist dieses, daß das, was das Andere ist, Dasselbe ist. *Und zwar in einer und derselben Rücksicht,* nach der *selben* Seite“ (XIV, 233). In Wahrheit ist aber gesagt: Das Schwere und Wahrhafte ist, wenn Jemand sagt, dasselbe sei irgendwie auch verschieden, dem nachzugehen, in *welchem* Sinne und in *welcher* Hinsicht es das sei. Ohne Auszeichnung dieser Hinsicht, so unbestimmt, Dasselbe als Verschiedenes zu begreifen und so Widersprüche heraufzuführen, wird dagegen ausdrücklich als unnütz und Sache eines Neulings bezeichnet.

An dem Unrecht der speziellen Berufung, damit aber überhaupt der Berufung auf den *Sophistes* als ein Beispiel ‚eleatischer‘ und doch ‚positiver‘ Dialektik, ist nicht zu zweifeln. Plato sieht es als das Wesentliche seiner Lehre vom Logos und als den fundamentalen Unterschied von der Philosophie der Eleaten, daß er von der Abstraktheit des Gegensatzes von Sein und Nichtsein zu ihrer widerspruchslosen Vereinbarkeit im Sinne der Zusammengehörigkeit der Reflexionsbestimmungen der Selbigkeit und Verschiedenheit gelangt. Von dieser Einsicht aus gelingt es ihm, das Geschäft des Dialektikers, das Unterscheiden, Einteilen, Definieren, trotz der scheinbaren Widersprüchlichkeit, daß Dasselbe Eines und Vieles ist, wenn es als etwas bestimmt wird, positiv zu rechtfertigen. Darin ist aber nichts von jener Zuspitzung zum Widerspruch, geschweige denn von dem Hervorgehen eines höheren Selbst, in dem die abstrakten, für sich gedachten Bestimmungen, die als Widerspruch ihre Aufhebung verlangen, zur einfachen Einheit einer Synthese zusammengehen, sondern Selbigkeit und Verschiedenheit konkretisieren sich im Gegenteil derart, daß Seiendes in Beziehung zu anderem Seienden steht und je in verschiedener Hinsicht zugleich Selbiges und Verschiedenes ist. So liegt der Sinn des *Sophistes* so wenig in der Linie der Hegelschen Intention, die Dialektik des Widerspruchs als die Methode der höheren spekulativen Logik über der sog. formalen zu gewinnen, daß sich im Gegenteil im *Sophistes* (230 b) die wichtigste

---

[11] *K. L. W. Heyder,* Kritische Darstellung der Aristotelischen und Hegelschen Dialektik, Erlangen 1845.

Vorform zu der berühmten Formel des Satzes vom Widerspruch findet, die Aristoteles im 4. Buch der *Metaphysik* aufgestellt hat.

Das wahre Einteilen und Bestimmen will Plato offenbar von der Scheindialektik der Widerspruchskunst freihalten. Mag sein, daß es seine eigene Aporie des Einen und Vielen in sich trägt, aber das Ziel des *Sophistes* ist gerade, den falschen Zauber zu entmachten, der im Reden und Argumentieren geübt wird, indem man ,ohne Auszeichnung der Hinsicht' etwas zugleich als selbig und als verschieden beweist.

Fragen wir uns zunächst, was die Mißdeutung unserer Plato-Stelle durch Hegel bedeutet, d. h. welche positive sachliche Stellung ihn eine an sich nicht übermäßig dunkle Stelle bei Plato in ihr Gegenteil verkehren läßt. Wer Hegel kennt, wird verstehen, warum Hegel an der fraglichen Stelle eine Forderung, jeweils die Hinsicht auszuzeichnen, unter der etwas identisch oder verschieden ist, nicht hören will. Denn eine solche Forderung widerspricht strikte der eigenen dialektischen Methode Hegels. Diese besteht ja darin, eine Bestimmtheit so an ihr selbst und für sich zu denken, daß sie eben dadurch ihre Einseitigkeit hervortut und ihr Gegenteil zu denken nötigt. Die Zuspitzung zum Widerspruch ergibt sich also gerade dadurch, daß die entgegengesetzten Bestimmungen in ihrer Abstraktion für sich gedacht werden. Hegel sieht darin das spekulative Wesen der Reflexion, das Widersprechende zu Momenten herabzusetzen, deren Einheit das Wahre ist. Dagegen sei es das Bestreben des Verstandes, Widersprüche zu vermeiden, und wo er einem Gegensatz begegnet, ihn, soweit er kann, auf der Gleichgültigkeit der bloßen Verschiedenheit festzuhalten. Zwar ist, was verschieden ist, auch in eine gemeinsame Hinsicht, die der Ungleichheit gestellt (die immer zugleich die Hinsicht der Gleichheit einschließt). Aber das Unterscheiden selbst reflektiert darauf nicht. Für es sind es eben verschiedene Seiten an der Sache, in denen ihre Gleichheit und in denen ihre Ungleichheit hervortritt. Auf diesem Standpunkt sucht nun nach Hegel der Verstand das Denken zu fixieren. Er verlegt die Einheit der Gleichheit und Ungleichheit aus dem Ding in das Denken selbst, das in seiner Tätigkeit beides denkt [12].

In beiden Fällen bedient sich der Verstand des gleichen Mittels, die Bestimmungen nicht an ihnen selbst in ihrem reinen begrifflichen Gehalt zu denken, d. h. nicht als Subjekt, sondern als Prädikate, die einem Subjekte zukommen und die ihm daher in verschiedener Rücksicht zukommen können. So stehen abstrakte Bestimmungen in einem gleichgültigen Auch nebeneinander, weil sie nicht als solche, sondern als einem anderen zukommende gedacht werden. Die Bestimmungen selbst „zusammenzubringen und sie dadurch aufzuheben, dagegen sträubt sich der Verstand durch die Stützen des Insofern und der verschiedenen Rücksichten, oder dadurch, den einen Gedanken auf sich zu neh-

---

[12] Bekanntlich ist das auch Hegels Kritik an der Kantischen transzendentalen Dialektik, daß Kant aus „Zärtlichkeit für die Dinge" den Widerspruch dem Verstande zuschreibe (vgl. XV, 582).

men, um den anderen getrennt und als den wahren zu erhalten" (Phän. 102).
Hegel nennt es eine Sophisterei des Vorstellens, was Plato gerade gegen die
Sophistik als die Forderung des philosophischen Denkens aufbietet. Muß man
nicht schließen: Sein eigenes Verfahren, die Hinsichten unausgezeichnet zu
lassen, um die Bestimmungen zu Widersprüchen zuzuspitzen, würde von Plato
und Aristoteles sophistisch genannt werden?

Und doch, hat Hegel nicht, wenn auch im einzelnen mißverstehend, im
ganzen richtig verstanden? Hat er nicht recht, wenn er im platonischen *Sophistes* die Dialektik der Reflexionsbestimmungen der Identität und der Verschiedenheit wiedererkannte? Ist es nicht in der Tat die große Leistung Platos
gewesen, den abstrakten eleatischen Gegensatz von Sein und Nichtsein in das
spekulative Verhältnis des Sein und Nicht erhoben zu haben, das durch die
Reflexionsbestimmungen der Identität und Verschiedenheit erfüllt wird? Hat
nicht Hegel darüber hinaus auch darin recht, daß die Aufgabe, die er sich
selbst stellt, die festen Gedankenbestimmungen zu verflüssigen, mit Platos
Einsicht in die unaufhebbare Verwirrbarkeit aller Reden konvergiert? Plato
redet von dem nie alternden Pathos der Logoi als einem Widerfahrnis des
Denkens, sich in Widersprüchen zu verstricken. Auch Plato sieht das nicht nur
negativ, als jene Verwirrung aller festen Begriffe und Anschauungen, die die
griechische Aufklärung durch die Dämonisierung der Redekunst und der
Argumentationskunst heraufführte. Er sieht umgekehrt an Sokrates die neue
Möglichkeit, die darin liegt, daß die konfundierende Kraft der Rede eine
echte philosophische Funktion zu haben und im Verwirren der Vorstellungen
den Blick auf die wahren Verhältnisse der Dinge freizumachen vermag. Die
Selbstbeschreibung, die Plato im 7. Brief vom philosophischen Erkennen gibt [13],
lehrt, daß die positive und die negative Funktion des Logos einen gemeinsamen Grund in der Sache haben. Die ‚Mittel‘ des Erkennens, Wort, Begriff,
Anschauung oder Bild, Meinung oder Ansicht, ohne die kein Gebrauch des
Logos möglich ist, sind in sich selbst zweideutig, sofern ein jedes von ihnen
sich vorzudrängen vermag und damit statt der gemeinten Sache sich selbst
zeigt. Es liegt im Wesen der Aussage, daß sie ihres angemessenen Verständnisses nicht selber Herr ist, sondern stets in falscher Wörtlichkeit verstanden
werden kann. Das bedeutet aber nicht weniger als, daß das, was den Blick
auf die Sache allein ermöglicht, sie zugleich auch wieder zu verstellen vermag.
Philosophie und sophistisches Raisonnement sind nicht auseinanderzukennen,
wenn man nur auf das Ausgesagte als solches gerichtet ist [14]. Nur in der leben-

---

[13] Epist. VII, 341–343.

[14] Der der Aufgabe der Auseinanderkennung gewidmete Dialog, der *Sophistes*,
gelangt zwar zum Erweis der Möglichkeit des Sophisten, nämlich zur ontologischen
Anerkennung des Scheins, d. h. des Seins des Nichtseins. Aber das Wesen der Andersheit, von dem aus Plato dort den sophistischen Schein begreift, schließt auch die Wahrheit der Philosophie ein. Wie der wahre Logos sich vom falschen unterscheidet, kann
offenbar nicht am Logos selbst erkannt werden.

digen Wirklichkeit des Gesprächs, in welchem sich „Menschen von guter
Anlage und echter Beziehung zur Sache" miteinander vereinigen, kann Erkenntnis der Wahrheit gelingen. Alle Philosophie bleibt also Dialektik. Denn
alle Aussage, auch diejenige, ja gerade diejenige, die wirklich die innere
Gliederung der Sache, das Verhältnis der Ideen zueinander aussagt, enthält
den Widerspruch des Einen und des Vielen, so daß es möglich ist, denselben
in eristischer Absicht hervorzukehren.

Ja, Plato selbst kann Ähnliches tun, wie der *Parmenides* zeigt. Was als die
einzige Wahrheit der sokratischen Dialektik erschien, die Unverrückbarkeit
der einen Idee, die allein die Einheit des Gemeinten zu verbürgen scheint und
Verständigung überhaupt möglich macht, hat keine schlechthinnige Wahrheit.
In Platos geistreicher Konfrontierung gibt der alte Parmenides dem jungen
Sokrates deutlich genug zu verstehen, daß er zu früh die Idee zu definieren
versucht habe und lernen müsse, das Fürsichsein der Idee wieder aufzulösen[15].
Jede Aussage ist wesensmäßig ebensosehr ein Vieles wie ein Eines, weil das
Sein in sich selbst unterschieden ist. Es ist selber Logos.

Mag man noch so sehr darüber ins klare kommen, was Prädikation in
Wahrheit ist, und von da die sophistische Verwirrungskunst der Rede ban-
nen, im eigentlich philosophischen Bereich der Wesensaussagen, z. B. bei der
Definition, haben wir es nicht mit Prädikation zu tun, sondern mit der spekulativen Selbstunterscheidung des Wesens. Der λόγος οὐσίας ist seiner Struktur
nach ein spekulativer Satz, bei dem das sogenannte Prädikat in Wahrheit das
Subjekt ist. Im Unterschied zu der von Plato kindisch genannten eristischen
Kunst, den Widerspruch von Einheit und Vielheit zu argumentativem Miß-
brauch zu verwenden, steckt in solcher spekulativer Aussage eine ernsthafte
Aporie, ein unauflösbarer Widerspruch des Einen und Vielen, der zugleich den
ganzen Reichtum eines sachlichen Fortschreitens im Erkennen in sich birgt[16].
Es entspricht diesen Andeutungen des *Philebos*, daß auch die Darlegung der
Dialektik der Gattungen im *Sophistes* im Grunde ‚dialektisch‘ bleibt, d. h. daß
es keine einfache Auszeichnung der Hinsicht, in der etwas verschieden ist,
geben kann, wenn die dialektische Zusammengehörigkeit der Verschiedenheit
selbst mit der Selbigkeit selbst, des Nichtseins mit dem Sein ausgesagt wird.
Die philosophische Aussage, die das Wesen der Dinge im Durchgliedern der
‚Ideen‘ zu bestimmen unternimmt, schließt eben das spekulative Verhältnis
der Einheit Entgegengesetzter tatsächlich in sich. Insofern ist Hegel nicht ganz
im Unrecht, wenn er sich auf Plato beruft.

Dem entspricht, daß Hegel mit Nachdruck auf die Überbietung der mathematischen Notwendigkeit hinweist, die die platonische Dialektik der Ideen
für sich beansprucht. Es bedarf da keiner Figuren, d. h. keiner von außen
beigebrachten Konstruktion, auf die dann wiederum der Beweis als ein Äußeres folgte, sondern der Weg des Gedankens geht, wie es im 6. Buch des plato-

---

[15] Parm. 135 c.   [16] Phileb. 15 bc.

nischen Staates heißt, ganz von Idee zu Idee, ohne irgend etwas von außen hereinzunehmen. Bekanntlich ist es das Verfahren der Diairesis, der sachgerechten Durchgliederung des Gemeinten auf die in ihm gelegenen Unterschiede hin, worin Plato die Erfüllung seiner Forderung an das Denken erblickt. Wenn Aristoteles an diesem Verfahren der Begriffseinteilung unter dem Maßstab der logischen Schlüssigkeit Kritik übt[17] und damit „die Dialektik vom Beweise trennt", so folgt ihm Hegel in dieser Kritik ganz gewiß nicht. Das Ideal der logischen Schlüssigkeit bleibt hinter dem philosophischen Ideal des Beweisens, der immanenten Fortentwicklung des Gedankens, sehr viel weiter zurück, als die Folgerichtigkeit des einteilenden und definierenden platonischen Gesprächs, das freilich nicht deduziert, sondern im Austausch von Frage und Antwort sachliche Verständigung erzielt.

Die spekulative Bewegung des platonischen Dialogs unterliegt einer solchen logischen Kritik in Wahrheit nicht. Nur wo Plato selbst im monologischen Stile des Parmenides und Zeno ‚Dialektik' treibt, fehlt derselben nach Hegel die Einheit immanenter Entwicklung und ‚Verpilzung'.

Wenden wir uns nun zu Hegels Selbstanknüpfung an die aristotelische Philosophie, so sind Verständnis und Mißverstand ähnlich gemischt. Die eigentliche Logik des dialektischen Verfahrens vermag sich auf Aristoteles, wie aus dem Gesagten hervorgeht, überhaupt nicht zu berufen. Es ist vielmehr eine höchst paradoxe Wendung, durch die Hegel der allseitigen Empirie des aristotelischen Verfahrens den echten Rang des Spekulativen zuerkennt. Wie sehr er sich auf der anderen Seite inhaltlich in der aristotelischen Philosophie wiedererkennt, lehrt das Aristoteles-Zitat, mit dem er die Darstellung seines Systems in der *Enzyklopädie* schließt.

Eine genauere Prüfung der Interpretation, die er dieser Stelle in seinen Vorlesungen zur Geschichte der Philosophie gewidmet hat, ist nun überaus lehrreich. Sie findet sich an zwei Stellen: XIV, 330 ff. und – im Anschluß an *De anima* III, 4 – auf S. 390 ff. Daß Aristoteles hier die wahrhaft spekulative Identität des Subjektiven und Objektiven als die höchste Spitze seiner Metaphysik lehrt, ist unbestreitbar. Hegel ist sich auch darüber im klaren, daß trotzdem Aristoteles dieser Identität nicht die prinzipielle systematische Funktion gibt, die für den spekulativen Idealismus gilt. „Das Denken ist dem Aristoteles ein Gegenstand wie die anderen, – eine Art von Zustand. Er sagt nicht, es sei allein die Wahrheit, Alles sei Gedanke; sondern er sagt, es ist das Erste, Stärkste, Geehrteste. Daß der Gedanke, als das zu sich selbst sich Verhaltende, *sei*, die Wahrheit sei, sagen wir. Ferner sagen wir, daß der Gedanke *alle* Wahrheit sei; nicht so Aristoteles... Wie jetzt die Philosophie spricht, drückt sich Aristoteles nicht aus; dieselbe Ansicht liegt aber durchaus zu Grunde."

Sehen wir zu, ob wirklich dieselbe Ansicht zugrunde liegt. Es geht hier beim Verständnis der aristotelischen Textstellen ohne Zweifel um Nuancen.

---

[17] Analyt. Pr. I, 31.

Indessen ist es keine Frage der Lesarten, auf die es dabei ankommt. Man kann vielmehr, von dem von Hegel selbst gelesenen Text ausgehend, die leisen Verschiebungen erkennen, die er mit dem aristotelischen Gedanken vornimmt. Hegel stellt ganz korrekt dar, wie Aristoteles den höchsten Nous von dem her, was er denkt, charakterisiert. Der Nous denkt sich selbst „durch Annahme des Gedachten als seines Gegenstandes. So ist er rezeptiv: er wird aber gedacht, indem er berührt und denkt; so daß der Gedanke und das Gedachte dasselbe ist." Das interpretiert Hegel so: „Der Gegenstand schlägt um in Aktivität, Energie." Ohne Zweifel meint es Aristoteles anders, nämlich daß umgekehrt das Denken ‚Gegenstand‘, d. h. Gedachtes wird. Und weiter glaubt Hegel mit Aristoteles diesen Umschlag in Energie zu begründen, wenn er bei Aristoteles liest: „Denn das Aufnehmende des Gedachten und des Wesens ist der Gedanke." Deutlicher noch 390: „Sein Aufnehmen ist Tätigkeit, und bringt das hervor, was als Aufgenommenwerdendes erscheint, – er wirkt[18], sofern er hat." Hegel denkt also das Aufnehmen schon als Tätigkeit. Auch das ist irrig. Aristoteles meint ohne Zweifel, daß das, was aufnehmen kann, den Charakter des Denkens zwar auch schon hat, daß aber dies Denken seine Wirklichkeit erst dann hat, wenn es aufgenommen hat; und er folgert daraus, daß das Wirken und nicht das Können das Göttliche am Denken ist. Diese Folgerung findet sich der Sache nach zwar auch in Hegels Paraphrase, aber nicht als Folgerung; vielmehr setzt Hegel den Vorrang des Wirkendseins so selbstverständlich voraus, daß er den ganzen Zusammenhang von Aufnehmenkönnen des Gedankens und Haben gar nicht mehr als begründenden Gedankengang erkennt. So ist sein Ergebnis zwar richtig: „der Nous denkt nur sich selbst, weil er das Vortrefflichste ist" (391). Aber dieser Satz meint für Hegel, daß selbstverständlich das Selbst des Denkens, die freie Tätigkeit, und nicht etwa ein Gedachtes das Höchste ist. Für Aristoteles dagegen muß zur Bestimmung des Höchsten erst einmal und gerade vom Gedachten ausgegangen werden. Denn alles Denken ist um des Gedachten willen. Er schließt so: Wenn der Nous das Höchste sein soll – wie feststeht –, darf das, was er denkt, das Gedachte, nichts anderes sein als er selbst. Deshalb denkt er sich selbst[18a].

Diese Ordnung der Dinge entspricht der platonischen Gedankenführung im *Sophistes*. Dort wird dem Sein zunächst die Bewegung des Erkanntwerdens

---

[18] Im Text steht der Editions- oder Druckfehler: „er wird". Vgl. 331: „Es wirkt, sofern es hat", und im Fortgang von 390: „das Ganze des Wirkens...", „das Wirkendste".

[18a] Die sorgfältige Analyse von Hegels Übersetzung zu De anima III, 4–5, die Walter Kern in Hegel-Studien 1 (S. 49 ff.) veröffentlicht hat, bestätigt sehr schön die Richtung, in der das Aristoteles-Verständnis Hegels sich bewegt, und ergänzt meine obigen Ausführungen. Allerdings würde ich nicht glauben, daß erst die späteren Phasen von Hegels Aristoteles-Verständnis die systematischen Konsequenzen des absoluten Idealismus hervortreten lassen, und deswegen nicht gern von Mißverständnis reden, sondern eher von einem fortschreitenden Verständnis, das immer und notwendig – nicht nur bei Hegel – die Einformung in das eigene Denken bedeutet.

und Gedachtwerdens zugesprochen und dann erst die Bestimmung des Lebens und der Bewegtheit des Denkens[19]. Auch dort also liegt am nächsten, vom Gedachtwerden auszugehen und nicht primär vom Sichselberdenken. Das bedeutet aber, daß das Sichselberdenken, das mit Seele, Leben, Bewegung in einer Reihe steht, nicht als ‚Tätigkeit‘ gedacht wird. Energeia, das Am-Werk-Sein, soll nicht den Ursprung in der freien Spontaneität des Selbst formulieren, sondern das uneingeschränkte volle Sein des Schaffensvorgangs, der sich an dem Geschaffenen, dem Ergon vollzieht. Hegel stellt also die griechische Form der ‚Reflexion in sich‘ sozusagen vom falschen Ende her dar, nämlich von dem aus, was er selbst als die eigentliche Entdeckung der neueren Philosophie preist, daß das Absolute Tätigkeit, Leben, Geist ist.

Die Umdeutung des griechischen Textes ist hier nicht so handgreiflich wie bei der oben behandelten Platostelle. Das hat seinen letzten Grund darin, daß der Begriff des Lebens, von dem her die Griechen das Sein denken, auch für Hegels kritische Auseinandersetzungen mit der Subjektivitätsphilosophie der Neuzeit eine leitende Funktion behält. Eine unaufhebbare Differenz besteht freilich doch, sofern Leben von Hegel immer schon vom Geiste her, von dem Sichselbsterkennen im Anderssein aus, als ‚Reflexion in sich‘ bestimmt wird, während die Griechen umgekehrt das, was sich selbst bewegt bzw. was den Anfang der Bewegung in sich selber hat, als das Erste denken, und von da aus, also von einem welthaft begegnenden Seienden her, die Struktur der Selbstbezüglichkeit auf den Nous übertragen.

Ein besonders aufschlußreicher Text, an dem sich diese Differenz zeigen läßt, ist *De anima* III 6, 430 b 20 ff. Dort wird geradezu aus dem Gegensatzverhältnis von Steresis und Eidos auf das Verhältnis des Erkennenden und Erkannten geschlossen. Wo der Gegensatz der Steresis fehlt, denkt das Denken sich selbst, das heißt, liegt die reine Selbstvergegenwärtigung des Eidos vor. Es ist also die Selbstbezüglichkeit des Seins, der Gedanke, was ihm den Charakter des Sichdenkens gibt, und nicht eine Selbstbezüglichkeit des Denkens, die als solche das höchste Sein wäre. Auch dort deutet Hegels Darstellung die Dinge um. Die aristotelische Ordnung des Gedankengangs ist dabei völlig eindeutig; das Sich-Unterscheiden der Dinge ist das erste. Das Unterscheiden, das das Denken vollzieht, ist ein zweites. Das Unterscheiden, das das Denken an sich selbst vollzieht, so daß es „sich selber denkt“, ist erst ein drittes, zu dem die Konsequenz des Gedankens nötigt. Es ist also nur das Resultat, in dem sich Hegel und Aristoteles begegnen, die Struktur der Selbstbezüglichkeit als solche.

Kehren wir von diesen inhaltlichen Konvergenzen und Divergenzen, die sich zwischen Hegel und der griechischen Philosophie zeigen, zum eigentlich Logischen zurück, zu der Frage, wie die Dialektik von Hegel zur Form des philosophischen Beweises erhoben wird, so läßt trotz aller Anknüpfung an die

---

[19] Soph. 248 d ff. Vgl. ‘Über das Göttliche . . .’ in Kleine Schriften III.

eleatische und platonische Dialektik das Vorbild der Griechen hier im Stich. Was Hegel in den Griechen mit Recht erkennt, ist das, was er überall erkennt, wo Philosophie ist: das Spekulative. Die Sätze der Philosophie lassen sich nicht als Urteile im Sinne der prädikativen Logik verstehen. Das gilt nicht nur für ausgesprochen ‚dialektische‘ Denker wie Heraklit oder Plato. Es gilt, wie Hegel ganz richtig sieht, auch für Aristoteles, obwohl es Aristoteles gewesen ist, der die Struktur der Prädikation nach ihrer logischen Form wie nach ihrem ontologischen Grunde aufgeklärt und damit die Entzauberung des Geredes geleistet hat, das von der Sophistik kultiviert worden war.

Was ist es, das Hegel ermöglicht, mit solcher Sicherheit im Aristoteles das Spekulative zu erkennen? Es ist dies, daß er dank seiner denkerischen Kraft durch die erstarrte Schulsprache der Philosophie hindurchdringt und in seinem Aristoteles-Verständnis der Spur des Spekulativen folgt, wo immer sie sich zeigt. Wir wissen heute viel besser, welche Leistung Hegel damit vollbringt. Denn wir sind im Begriff, die Begriffsbildung des Aristoteles aus der Wirksamkeit des sprachlichen Instinktes, dem sein Denken folgt, aufzuklären [20].

Damit schließt sich der Kreis unserer Betrachtung. Das war ja der Punkt gewesen, an dem Hegel sein eigenes philosophisches Bemühen in einer durch die neuzeitliche Situation bedingten Weise vor eine genau umgekehrte Aufgabe gestellt sah, als er sie bei den Alten fand. Jetzt gelte es, die festen Verstandessetzungen „zu verflüssigen und zu begeisten“. Es ist die Auflösung alles Positiven, Entfremdeten, Anderen in das Heimische des Beisichseins des Geistes, die auch Hegels Intention der ‚Wiederherstellung‘ des philosophischen Beweises motiviert.

Zweierlei vermochte Hegel zur Lösung dieser Aufgabe zu dienen: die dialektische Methode der Zuspitzung zum Widerspruch auf der einen Seite und die Beschwörung des spekulativen Gehaltes, der im logischen Instinkt der Sprache verborgen ist, auf der anderen Seite. Für beides war ihm die antike Philosophie hilfreich. Seine dialektische Methode hat er sich erarbeitet, indem er die antike Dialektik zur Aufhebung des Widerspruchs in jeweils höherer Synthese fort- und umbildete. Wir sahen, daß diese Berufung nur ein halbes, nur ein den Inhalt, nicht ein die Methode betreffendes Recht besitzt. Dagegen war für die andere Seite der Aufgabe, für die spekulative Hilfe, die der logische Instinkt der Sprache dem Denken zu leisten vermag, die antike Philosophie ein Vorbild ohnegleichen. Indem Hegel die entfremdete Schulsprache der Philosophie – ohne jeden Purismus – zu überwinden trachtete, ihre Fremdworte und Kunstausdrücke mit den Begriffen des gewöhnlichen Denkens durchsetzte, gelang ihm die Einholung des spekulativen Geistes seiner Muttersprache in die spekulative Bewegung des Philosophierens, wie sie die natürliche Mitgift des beginnenden Philosophierens der Griechen gewesen war. Sein Methodenideal, die Forderung eines immanenten Fortgangs, in dem sich die

---

[20] Vgl. die Arbeiten von Ernst Kapp, Bruno Snell, Günter Patzig, Wolfgang Wieland.

Begriffe zu immer größerer Differenzierung und Konkretisierung weiter-
bewegen, bleibt dabei selber auf den Anhalt und die Leitung durch den logischen Instinkt der Sprache angewiesen. Die Darstellung der Philosophie kann
sich auch nach Hegels Einsicht niemals ganz von der Form des Satzes und dem
Schein einer prädikativen Struktur, der mit ihr gegeben ist, ablösen.

Hier scheint es mir sogar geboten, über Hegels eigene Selbstauffassung
hinauszugehen und anzuerkennen, daß die dialektische Fortbewegung des Gedankens und das Horchen auf den spekulativen Geist der eigenen Sprache
am Ende gleichen Wesens sind und selber eine dialektische Einheit, d. h. eine
unlösbare Zusammengehörigkeit darstellen. Denn ob in der Form ausdrück-
licher Darstellung, im Widerspruch und seiner Aufhebung, oder ob in der
verhüllten Spannung des waltenden Sprachgeistes – das Spekulative ist nur
wirklich, wenn es nicht nur in der Innerlichkeit des bloßen Meinens zurück-
behalten ist, sondern zum *Ausdruck* kommt. Bei der Analyse des spekulativen
Satzes, die Hegel in der Vorrede zur *Phänomenologie* gibt, wird die Rolle
deutlich, welche Ausdruck und ausdrückliche Darstellung durch die dialektische Zuspitzung zum Widerspruch für die Idee des philosophischen Beweises
spielt. Es ist nicht nur eine Forderung des natürlichen Bewußtseins, in ihm
selbst die spekulative Wahrheit aufgewiesen zu bekommen, die damit erfüllt
wird. Es ist vielmehr eine grundsätzliche Stellung Hegels gegen den Subjek-
tivismus der Neuzeit und seine Auszeichnung der Innerlichkeit, wenn er der
Forderung des Verstandes derart Rechnung trägt. „Das Verständige ist das
schon Bekannte und das Gemeinschaftliche der Wissenschaft und des unwissen-
schaftlichen Bewußtseins." Hegel sieht die Unwahrheit der reinen Innerlichkeit nicht nur in solchen welkenden Gestalten wie denen der schönen Seele
und des guten Willens. Er sieht sie auch in allen bisherigen Formen philosophischer Spekulation, sofern in ihnen nicht zur Ausdrücklichkeit erhoben
wird, welche Widersprüche in der spekulativen Einheit philosophischer Begriffe aufgehoben sind.

Der Begriff der Darstellung und des Ausdrucks, der das eigentliche Wesen
der Dialektik, der *Wirklichkeit* des Spekulativen ausmacht, muß dabei offenbar als ein Seinsvorgang verstanden werden, wie das exprimere des Spinoza.
Darstellung, Ausdruck, Ausgesprochensein bezeichnen ein Begriffsfeld, hinter
dem eine große neuplatonische Tradition steht. ‚Ausdruck' ist nicht eine nach-
trägliche Hinzufügung aus subjektivem Belieben, durch die das innerlich Gemeinte kommunikativ gemacht wird, sondern ist das Zum-Dasein-Kommen
des Geistes selbst, seine Darstellung. Die neuplatonische Herkunft dieser Begriffe ist nicht von ungefähr. Die Gedankenbestimmungen, in denen das
Denken sich bewegt, sind, wie Hegel betont, nicht äußere Formen, die wir
wie Hilfsmittel auf Vorgegebenes anwenden, sondern sie haben uns immer
schon eingenommen, und unser Denken besteht darin, daß wir ihrer Bewegung folgen. Jene Hingerissenheit vom Logos, die die Griechen der klassischen Zeit wie einen Taumel erfuhren und aus der Plato im Namen des

Sokrates die Wahrheit der Idee erstehen ließ, gerät am Ende zweier Jahrtausende der Geschichte des Platonismus in die Nachbarschaft der spekulativen Selbstbewegung des Gedankens, die Hegels Dialektik entfaltet.

Unsere Prüfung von Hegels Selbstanknüpfung an die Griechen lehrt uns also, daß darin noch eine andere Konvergenz zwischen Hegel und den Griechen wirksam ist, eine Affinität im Spekulativen selbst, die Hegel an den Texten halb errät, halb mit Gewaltsamkeit hervorreizt und in der er sich mit der Sprachbewegtheit des griechischen Gedankens von seinem Eigensten her begegnet, der kernhaften Verwurzelung in seiner Muttersprache, ihrem Tiefsinn in Sprichwort und Wortspiel, und mehr noch ihrer Aussagekraft aus dem Geiste Luthers, der Mystik und des pietistischen Erbes seiner schwäbischen Heimat. Zwar hat die Form des Satzes nach Hegel kein philosophisches Recht innerhalb des eigentlichen Körpers der philosophischen Wissenschaft. Aber die Hülle des Satzes ist so gut wie die der lebendigen Nennkraft des Wortes nicht nur eine leere Hülle, sondern ein Bergendes. Sie verwahrt in sich, was der dialektischen Aneignung und Entfaltung zugeführt werden soll. Da nun für Hegel, wie wir schon eingangs betonten, die adäquate Darstellung der Wahrheit ein unendliches Geschäft ist, das nur in Annäherungen und in oft wiederholten Versuchen vorwärtsgetrieben werden kann, sind die Produktionen des logischen Instinktes in der Hülle der Worte, Satzformen und Sätze selber Träger des spekulativen Gehaltes und gehören in Wahrheit mit zu dem ‚Ausdruck‘, in dem die Wahrheit des Geistes sich darstellt. Nur wenn man diese andere Seite der Nähe der griechischen Philosophie zu der Hegelschen Dialektik erkennt, die Hegel selbst nicht ausdrücklich durchreflektiert hat und die sich bei ihm nur sehr gelegentlich und vorwortlich andeutet, gewinnt Hegels Berufung auf die antike Dialektik die volle Evidenz einer echten Affinität. Sie behält Wahrheit über die Differenz hinaus, die das Methodenideal der Neuzeit darstellt, und über die Gewaltsamkeit hinaus, mit der Hegel dasselbe an der antiken Überlieferung hervorkehrt. Man darf sich hier der Entsprechung zwischen Hegel und seinem Freunde Hölderlin erinnern, der als Dichter eine ganz ähnliche Stellung in der querelle des anciens et des modernes einnimmt: Wie Hölderlin den antiken Kunstverstand zu erneuern trachtet, um der übermäßigen Innigkeit der Moderne Halt und Bestand zu verleihen, so stellt die Weltlichkeit des antiken Bewußtseins, die sich in der rücksichtslosen Kühnheit ihrer Dialektik ausspricht, dem Denken ein Vorbild dar. Aber nur weil es der gleiche logische Instinkt der Sprache ist, der in Hegel wie in den Griechen wirksam ist, wird das bewußt gewählte Vorbild, gegen das Hegel seine eigene, überlegene Wahrheit des selbstbewußten Geistes durchzusetzen sucht, zugleich zu einer echten Hilfe des Gedankens. Hegel selbst ist sich, wie wir sahen, nicht ganz bewußt, warum seine ‚Vollendung‘ der Metaphysik eine Rückkehr zu ihrem großen Beginn einschließt.

II

HEGEL – DIE VERKEHRTE WELT

Die *verkehrte Welt* in Hegels Geschichte der Erfahrung des Bewußtseins ist einer der schwierigsten Abschnitte im Zusammenhang des Ganzen. Ich möchte versuchen, diese Lehre von der *verkehrten Welt* im Kapitel *Kraft und Verstand* als eine für den ganzen Aufbau der ‚Phänomenologie des Geistes‘ zentrale zu kennzeichnen. Ich kann dabei an das anknüpfen, was R. Wiehl dargelegt hat: daß man den Anfang der Phänomenologie nicht ohne einen direkten Blick auf die kantische Philosophie überhaupt verstehen kann. Wenn man sich die Hauptgliederung der Phänomenologie des Bewußtseins vor Augen stellt, so ist es mit Händen zu greifen, daß Hegel sich die Aufgabe gestellt hat, zu zeigen: wie hängen eigentlich die verschiedenen Erkenntnisweisen, deren Zusammenwirken Kants Kritik untersucht, innerlich zusammen, nämlich Anschauung, Verstand und Apperzeptionseinheit oder Selbstbewußtsein?

Das Kapitel über die Phänomenologie des Bewußtseins ist letzten Endes durch die Frage beherrscht: Wie wird *Bewußtsein Selbstbewußtsein oder wie wird dem Bewußtsein bewußt, daß es Selbstbewußtsein ist?* Diese Behauptung aber, daß das Bewußtsein Selbstbewußtsein ist, ist eine zentrale Lehre der neueren Philosophie seit Descartes. Insofern liegt Hegels Idee der Phänomenologie in der cartesianischen Linie. Wie sehr das der Fall ist, lehren zeitgenössische Parallelen, insbesondere das weithin unbekannte Buch von Sinclair, dem Freunde Hölderlins und Hegels, an den die Sphragis in der Rheinhymne gerichtet ist, das geradezu *Wahrheit und Gewißheit* betitelt ist. Das Werk versucht, gewiß im gleichen, durch Fichte bestimmten Sinne und ungefähr gleichzeitig mit Hegel, den Weg von der Gewißheit zur Wahrheit ganz ausdrücklich vom cartesianischen Begriff des *cogito me cogitare* aus durchzuführen.

Nun steht es für Hegel von vornherein fest, wenn er die Erscheinung des Bewußtseins in seiner Phänomenologie des Geistes beschreibt, daß das, worin sich das Wissen vollenden, worin sich die völlige Übereinstimmung von Gewißheit und Wahrheit allein ergeben kann, nicht das bloße, seiner selbst bewußt werdende Bewußtsein der gegenständlichen Welt sein kann, sondern daß es die Seinsweise der einzelnen Subjektivität übergreifen und *Geist* sein muß.

Erstdruck des Vortrags auf den Hegel-Tagen Royaumont 1964 in: Hegel-Studien Beiheft 3, S. 135–164. Ebendort der wiederholt zitierte Beitrag von R. Wiehl (S. 103 ff.).

Auf dem Wege zu diesem Resultat steht als die erste These Hegels: *Bewußt-sein ist Selbstbewußtsein,* und es ist die wissenschaftliche Aufgabe des ersten Teils der Phänomenologie, diese These auf eine einleuchtende Weise zu recht-fertigen, indem Hegel die Überführung des Bewußtseins ins Bewußtsein seiner selbst, d. h. den notwendigen Fortgang des Bewußtseins zum Selbstbewußtsein ‚beweist‘. Insofern ist die kantische Begrifflichkeit: Anschauung, Verstand, Selbstbewußtsein von Hegel der Gliederung bewußt zugrunde gelegt worden, und der Beitrag von R. Wiehl zeigt, wie man von rückwärts her die sinnliche Gewißheit als den Ausgangspunkt verstehen muß, nämlich als das sich über sein eigenes Wesen als Selbstbewußtsein noch ganz unbewußte Bewußtsein.

Im ganzen besteht das Buchstabieren Hegels, dem unsere Bemühungen gel-ten, wenn ich noch diese methodische Vorbemerkung machen darf, darin, daß man verifiziert, soweit es gelingt, was Hegel selber fordert, wenn er sagt, es komme auf die Notwendigkeit des Fortgangs an. Wir müssen begreifen, wir als das hier zuschauende Bewußtsein – das ist der Standpunkt der Phäno-menologie –, welche Gestalten des Geistes auftreten und in welcher Folge die-selben auseinander hervorgehen.

Ein solcher Anspruch auf Notwendigkeit des dialektischen Fortgangs reali-siert sich und verifiziert sich immer wieder, wenn man genau liest. Genau lesen hat nämlich bei Hegel immer – und nicht nur bei ihm – die merk-würdige Folge, daß genau das, was man in mühsamen Interpretationsver-suchen des gelesenen Abschnittes gerade herausbekommen hat, im folgenden Abschnitt des Textes ausdrücklich geschrieben steht. Das ist die Erfahrung, die jeder als Leser Hegels machen wird; je mehr er sich den Inhalt des Gedanken-ganges expliziert, den er gerade vor sich hat, desto sicherer kann er sein, daß im folgenden Abschnitt des Hegeltextes diese Explikation selber folgt. Das schließt ein (und das hat für das Wesen der Philosophie zentrale Bedeutung, ist aber vielleicht nirgends so greifbar wie bei Hegel), daß eigentlich immer vom Selben die Rede ist und daß auf verschiedenen Niveaus der Explikation sich als der eigentliche und einzige Gegenstand oder Inhalt das Selbe darstellt und herausstellt.

Dieses Selbe hat am Anfang der Phänomenologie die Gestalt, daß Be-wußtsein Selbstbewußtsein ist; es ist das Selbst des Bewußtseins, das als der wahre Gegenstand des Wissens heraustreten soll. So muß man von vornherein die Aufgabe, die sich Hegel in der Phänomenologie gestellt hat, verstehen; das Selbstbewußtsein, die Synthesis der Apperzeption Kants, nicht als etwas Vorausgegebenes, sondern als etwas selber zu Beweisendes zu behandeln, und das heißt: es als die Wahrheit in allem Bewußtsein zu beweisen. Alles Be-wußtsein ist Selbstbewußtsein. Wenn wir dies als das Thema erkennen, dann ist der systematische Ort deutlich, den das Kapitel von der verkehrten Welt, das ich kurz vorstellen möchte, einnimmt. Es ist im Kapitel über *Kraft und Verstand,* wo sich die nachdenkliche und schockierende Wendung von der ver-kehrten Welt findet. Hegel ist ein Schwabe und Schockieren ist seine Leidenschaft, wie die aller Schwaben. Aber was er hier meint und wie er zu dieser Wendung gelangt, ist besonders schwer einzulösen. Ich werde zu zeigen versuchen, was sich unter Zuhilfenahme der historischen Interpretationsinhalte unter Hegels ,verkehrter Welt' verstehen läßt und in welchem Sinne die wahre Welt, die sich hinter den Erscheinungen verbirgt, verkehrt genannt wird.

Es handelt sich um den Text von S. 110 an[1]. Die entscheidende Wendung von der verkehrten Welt folgt auf S. 121. Die wahre Welt, von der Hegel S. 111 spricht, ist die Welt, deren Verkehrung zur verkehrten Welt auf S. 121 dargelegt wird. Hier (111) ist sie noch nicht als verkehrte Welt erkannt, sondern will die wahre Welt, nichts als die Wahrheit sein.

Der Gang des Gedankens war der, daß Hegel zunächst den Begriff der Kraft als die Wahrheit der Wahrnehmung erkennt. Das Bewußtsein der Wahrnehmung, dem das philosophische Bewußtsein zuschaut, erfährt, daß die Wahrheit, die mit dem Ding und seinen Eigenschaften gemeint war, nicht das Ding und seine Eigenschaften sind, sondern die Kraft und das Spiel der Kräfte. Das ist der Schritt, den Hegel für das philosophische Bewußtsein, wie ich meine, zu begreifen fordert. Es soll einsehen, daß die Zersetzung des Dinges in die vielen Dinge, d. h. der Standpunkt der Atomistik, der sich ergibt, wenn man, z. B. mit den Mitteln der modernen chemischen Analyse, an das, was ein Ding ist oder was seine Eigenschaften sind, herangeht, nicht ausreicht, um zu verstehen, was eigentlich die Wirklichkeit ist, in der die Dinge mit ihren Eigenschaften wirklich sind. Das Wahrnehmen bleibt zu äußerlich. Es nimmt Eigenschaften und Dinge, die Eigenschaften haben, wahr, d. h. für die Wahrheit. Aber ist das so Wahrgenommene, ist der chemische Aufbau der Dinge ihre ganze und wahre Wirklichkeit? Man muß erkennen, daß hinter diesen Eigenschaften in Wahrheit Kräfte stehen, die ihre Wirkungen gegeneinander ausüben. Die Konstitutionsformel des Chemikers sagt die Konstitution eines Stoffes aus. Aber was dieser in Wahrheit ist, das ist, wie gerade die moderne Entwicklung und Verwandlung der Chemie in Physik bestätigt hat, ein Spiel von Kräften.

Ich habe damit den Ort erreicht, an dem die genauere Analyse einzusetzen hat. Die Dialektik der Kraft gehört zu den Stücken Hegels, die von ihm selbst am besten kommentiert sind, weil sie nicht nur in der Phänomenologie auftreten, sondern in weit größerer Ausführlichkeit in der Logik bzw. in der Enzyklopädie. Die Dialektik der Kraft hat etwas so unmittelbar Zwingendes und Einleuchtendes, daß Hegel hier für jedermann so weit von aller Sophistik entfernt ist, wie er sich selber sieht.

Es ist überzeugend, daß es eine falsche Abstraktion ist zu sagen: hier ist eine Kraft, welche sich äußern will und die sich äußert, wenn sie zur Äußerung sollizitiert wird. Darin bestehe die Wirklichkeit dessen, was hier vorliegt. Es ist doch kein Zweifel und für jeden einzusehen, daß das, was eine Kraft zur

---

[1] Zugrunde gelegt wird folgende Ausgabe: *G. W. F. Hegel*, Phänomenologie des Geistes. Hrsg. v. J. Hoffmeister, 6. Aufl. Hamburg 1952.

Äußerung sollizitiert, in Wahrheit selber Kraft sein muß. Was da ist, ist also stets nur ein Spiel der Kräfte: Sollizitieren und Sollizitiertwerden ist in diesem Sinne derselbe Vorgang. Ebenso gilt – und das ist die Dialektik von Kraft und Äußerung –, daß Kraft gar nicht die gestaute Kraft ist, die sich in sich zurückbehält, sondern immer nur als ihre eigene Wirkung ist. Es war ein äußerliches Verständnis, das das Verhältnis von identisch-sich-gleichbleibendem, substanziellem Ding und den sich an ihm verändernden, akzidentellen Eigenschaften für das Wirkliche hielt. Was die innere Wirklichkeit des Dinges ist, das ist, wie uns bewußt wird, Kraft. Aber wieder ist es eine falsche Abstraktion zu meinen, es gäbe die Kraft für sich, die von ihrer Äußerung und von dem Zusammenhang aller Kräfte isoliert ,existierte'. Was existiert, sind Kräfte und ihr Spiel. Wenn man entsprechend die Gestalten des Bewußtseins, die diesen Formen der gegenständlichen Erfahrung entsprechen, gegenüberstellt, so ist das Wahrnehmen ein äußerliches Verhalten, das sich Gleichbleibendes und an ihm sich Veränderndes wahrzunehmen meint. Im Vergleich dazu begreift die Wissenschaft, die hier Verstand heißt, weil sie hinter diese Äußerlichkeit zurückgeht, dahinter zu kommen sucht und nach den Gesetzen fragt, welche die Kräfte regieren, sehr viel besser, was die Wahrheit der Wirklichkeit ist.

Das ist in der Tat der grundlegende Schritt, den Hegel hier (von S. 110 an) macht. Ich darf zu dieser Stelle eine allgemeine Bemerkung vorausschicken. Wenn man Hegels Phänomenologie analysiert, macht man immer die Beobachtung, daß jede neue Gestalt des Bewußtseins in zwei Formen dargelegt wird. Zunächst in einer für uns seienden Dialektik oder Aporetik; Hegel zeigt, welcher begriffliche Widerspruch in dem vermeintlichen Gegenstand als solchem liegt, und zeigt ebenso, wie widersprüchlich sich uns das Bewußtsein von diesem Gegenstande darstellt, – und dann zeigt er die Bewegung auf, in der diese Widersprüche für das beobachtete Bewußtsein selber zur Erfahrung kommen. Wenn so das beobachtete Bewußtsein die Erfahrung des Widerspruchs macht, muß es seine Position aufgeben, d. h. seine Meinung über den Gegenstand ändern. Das ist er gar nicht, was er zu sein schien. Das hat aber die Folge für unser Beobachten, daß es die Notwendigkeit begreift, nun zu einer anderen Bewußtseinsgestalt fortzugehen, von der man erwarten kann, daß das, was sie meint, wirklich wahr ist. Es wird uns bewiesen: dies Bewußtsein der sinnlichen Gewißheit, der Wahrnehmung, des Verstandes, hat nicht recht. Es ist kein wirkliches Wissen. Wir müssen also über das Bewußtsein, das in diesen Gestalten erscheint, hinausgehen. Denn es verwickelt sich in Widersprüche, die ihm das Bleiben bei seiner vermeintlichen Wahrheit unmöglich machen und uns deren Unwahrheit beweisen. Als das Bewußtsein, das es ist, z. B. das des Physikers, beharrt es freilich hartnäckig bei sich selbst und weigert sich, über sich hinauszugehen. Hegel drückt das so aus: es vergißt seine Einsicht immer wieder und ist und bleibt die gleiche Gestalt des Bewußtseins; wir, das philosophische Bewußtsein, müssen ein besseres Gedächtnis haben und begreifen, daß ein solches Wissen nicht alles Wissen ist und die von ihm begriffene Welt nicht die ganze Welt. Die Philosophie begreift also die Notwendigkeit, über dieses hartnäckige Bewußtsein hinauszugehen. Wir werden zu verfolgen haben, wie das geschieht.

Was zunächst entwickelt wird, ist der Widerspruch, wie er sich uns darstellt. Das ist eigentlich nicht die phänomenologische Dialektik. Denn Hegel behandelt zunächst die Widersprüche, die in dem Gedanken des Gegenstandes, in seinem Wesen liegen: so ist die Dialektik von Wesen und Unwesentlichem, von Ding und Eigenschaften, von Kraft und Äußerung im Begriff gelegen und gehört daher eigentlich zur Logik. Die phänomenologische Einsicht, die Hegel an ihnen gewinnt und um deren willen er sie überhaupt entwickelt, ist eine über das Wissen derselben, daß es nämlich über das Wahrnehmen hinauszugehen hat – wenn es der eigentlichen Aufgabe des Verstandes genügen will, die ist, dahinterzukommen, was eigentlich ist. Wir blicken jetzt ins Innere. Das ist zunächst ganz schlicht gemeint, im Vergleich zu der Oberflächlichkeit der Unterscheidung von bleibendem Ding und wechselnden Eigenschaften. Sehen wir derart ins Innere hinein, so wird die Frage sein: was ist in diesem Inneren zu sehen? Was ist das innere Wesen der äußeren Erscheinung? Eines ist dabei klar: ins Innere sehen, ist Sache des Verstandes, nicht mehr der sinnlichen Wahrnehmung. Es ist das, was Plato mit dem Begriff des νοεῖν bezeichnet hat im Gegensatz zur αἴσθησις. Der Gegenstand des ‚reinen Denkens‘ (νοεῖν) ist offenbar dadurch charakterisiert, daß er nicht sinnlich gegeben ist.

Insofern ist es überzeugend, daß Hegel auf S. 111 von dem ‚*innern Wahren*‘ spricht „als dem *absolut Allgemeinen*, also nicht nur sinnlich Allgemeinen, welches für den Verstand geworden ist“ – das ist das νοητὸν εἶδος, um mich zunächst platonisch auszudrücken. In ihm „schließt sich erst über der sinnlichen als der erscheinenden Welt nunmehr eine übersinnliche als die wahre Welt auf.“ Es ist der Schritt Platos[2]. Das Allgemeine ist nicht ein dem Meinen vorschwebendes Gemeinsames der sinnlichen Erscheinungen – es ist das ὄντως ὄν, das εἶδος, das Allgemeine des Verstandes und nicht das des Sinnlichen in seiner erscheinenden Andersheit. Die hegelsche Fortsetzung bekommt nun einen sehr merkwürdigen Klang: „über dem verschwindenden Diesseits das bleibende Jenseits“. Hier rückt Plato mit dem Christentum eng zusammen – und da dieser Standpunkt ja nicht die letzte Wahrheit sein soll, hört man schon fast Nietzsche und seine Formulierung, daß das Christentum Platonismus fürs Volk ist. In der Tat ist die Struktur, die Hegel hier beschreibt, von einer äußersten begrifflichen Abstraktion, die, wie sich zeigen wird, nicht nur die platonische und die christliche Position, sondern auch die der modernen Naturwissenschaft umfaßt.

Diese übersinnliche Welt soll die wahre Welt sein. Sie ist das Bleiben im

---

[2] Vgl. Hegels Plato-Darstellung in seinen Vorlesungen. G. W. F. Hegel's Werke, Bd. 14, Berlin 1833, S. 169 ff.

Verschwinden, ein Ausdruck, der sehr oft vorkommt bei Hegel. Wir werden genau diesem Ausdruck noch begegnen, wenn es gilt, die verkehrte Welt zu verstehen. Denn, um es gleich vorweg anzuzeigen, wo es hingeht – dort wird herauskommen: gerade das ist das Bleibende, das, was wirklich ist, wo alles immerfort verschwindet. Gerade das ist die wirkliche Welt, darin ihr Bestehen zu haben, daß es immerfort Anderswerden gibt, beständiges Anderswerden. Beständigkeit ist dann nicht mehr der bloße Gegensatz zum Verschwinden, sondern sie ist selbst die Wahrheit des Verschwindens. Das ist die These der verkehrten Welt.

Wie kommt Hegel dahin? Ich möchte das nicht so sehr logisch nachkonstruieren, als vielmehr die Phänomene selber, von denen hier Hegel spricht, so konkret vor Augen stellen, daß es gelingt zu sehen, was jeweils die Vermeintlichkeit an der Wahrheit, die das Bewußtsein zu haben meint, ist. R. Wiehl hat mit Recht betont: das Meinen bleibt immer da, als die Vermeintlichkeit, die den ganzen Fortgang der Aufweisung der Gestalten des Bewußtseins treibt. So stellt Hegel jetzt die Frage, was hier das Bewußtsein meint: Was ist dieses Innere, in das nun der Verstand hineinblickt – was ist dies Bewußtsein des Jenseits? Meint es ein leeres Jenseits, ist es die Vorform des unglücklichen Bewußtseins?

Aber das ist nicht wahr, sagt Hegel. Dieses Jenseits ist nicht leer, denn „es kommt aus der Erscheinung her", es ist ihre Wahrheit. Was für eine Wahrheit? Dafür findet er die glänzende Formulierung: dieses Jenseits ist die Erscheinung *als* Erscheinung. Das heißt: die Erscheinung, die nicht die Erscheinung eines anderen ist, sich nicht mehr unterscheidet von einem jenseits ihrer gelegenen, eigentlichen Sein, sondern die nichts als Erscheinung ist. Sie ist also nicht Schein gegen ein Wirkliches, sondern Erscheinung als das Wirkliche selbst. Erscheinung ist ein Ganzes des Scheins, so lautete die Formulierung auf S. 110. Damit war gemeint, daß die Erscheinung nicht bloße Äußerung einer Kraft ist, die mit ihrem ‚Erlahmen‘ sich selbst und ihre Wirkung aufhebt – vielmehr ist die Erscheinung das Ganze der Wirklichkeit. Sie *hat* nicht nur ihren Grund, sie *ist* als die Erscheinung des Wesens. Gegenüber dem Oberflächenschein der Rede von einem Ding, das Eigenschaften ‚hat‘, ja selbst gegenüber der dahinterkommenden Einsicht in die Kraft, die sich äußert oder gestaut ist, tut sich dem Blick ins innere Wesen der Dinge der ‚absolute Wechsel‘ des Spiels der Kräfte auf, in dem die Wirklichkeit besser erfaßt wird als in jenem oberflächlichen Blick des Wahrnehmens. Sofern sich dies Spiel der Kräfte als ein Gesetzliches erweist, sind es ‚die Erscheinungen‘ (τὰ φαινόμενα), die damit ‚gerettet‘ sind. „Das Einfache an dem Spiele der Kraft selbst und das Wahre desselben ist das Gesetz der Kraft" (114). Entsprechend heißt es in der Logik von den Reflexionsbestimmungen: Ihr [sc. der Formbestimmungen] Schein vervollständig sich zur Erscheinung." [3] Die Wendung: „das Ganze

---

[3] *G. W. F. Hegel*, Wissenschaft der Logik. Hrsg. v. G. Lasson, Leipzig 1951, T. 2, S. 101.

des Scheins" führt auf diese Weise zu dem Begriff des Gesetzes. Es ist einleuchtend, daß das Gesetz ein Einfaches ist im Vergleich zu dem wechselnden
Ineinanderspiel der aufeinander wirkenden Kräfte: Als das einfache Gesetz
bestimmt es das Ganze der Erscheinungen. Der vermeintliche Unterschied in
den Kräften, der die Wirkung der Kräfte ausmacht, Sollizitieren, Sollizitiertwerden, Gestautsein und Sich-äußern, dieser Unterschied des Allgemeinen ist
in Wahrheit einfach. Das ist sehr hegelisch ausgedrückt, aber man kann es
phänomenologisch anschaulich verifizieren; dieser Unterschied ist in Wahrheit
gar nicht der von voneinander getrennten Kräften, die für sich vorkommen
und die man nachträglich aufeinander bezieht: er ist die Erscheinung des einfachen und gleichen Gesetzes.

So ist es das Naturgesetz, das eine, die Wirklichkeit der Mechanik schließlich
beherrschende, d. h. die Erscheinungen voll erklärende Gesetz, was im folgenden als die Wahrheit des Gegenstandes herauskommt. Das ist ein sehr wichtiger Punkt. Hier darf man an jene Platodeutung erinnern, die die platonische Idee als das Naturgesetz interpretierte. Das war ungewußter Hegelianismus. Bei Hegel ist in der Tat dieser Schritt der Identifikation vollzogen.
Aber es wird sich zeigen, warum er nicht bei dieser Gleichsetzung stehen
bleibt [4]. Zunächst jedenfalls kann er sagen: Der allgemeine Unterschied „ist
im Gesetze ausgedrückt als dem beständigen Bilde der unsteten Erscheinung".
Das Gesetz ist das Bleiben des Verschwindens. Die Wirklichkeit wird an-
gesehen als die Welt der Gesetze, die über dem Verschwinden bleibt. „Die
übersinnliche Welt ist hiemit ein ruhiges Reich von Gesetzen" — jenseits der
wahrgenommenen Welt, aber doch in ihr gegenwärtig als „ihr unmittelbares
stilles Abbild". Das steht auf S. 114 f. Hegel nennt es geradezu: stilles Abbild
der beständigen Veränderung.

Es ist kein Zweifel, daß diese Wendung nicht nur platonisch, sondern auch
galileisch klingt. Galilei ist im folgenden *da*, oder noch besser Newton. Denn
es ist ja das vollendete System der galileischen Mechanik, das hier mit der
Anspielung auf die Schwerkraft als die universale Definition des Körpers
impliziert ist. Hegel zeigt nun, daß dieser Schritt in die übersinnliche, wahre
Welt, der Schritt des Verstandes, nur ein erster Schritt ist, von dem man einsehen muß, daß er nicht die ganze Wahrheit erreicht. Es ist unmöglich zu
sagen: die Wahrheit der Wirklichkeit ist das Naturgesetz (wie Natorp etwa
Plato interpretiert hat). Hegel zeigt nämlich, daß in einer solchen Formulierung wie der eines ,Reiches der Gesetze' immer schon mitgesagt ist, daß sie
nicht die ganze Erscheinung enthält. Das Bewußtsein verwickelt sich mit Not-

---

[4] Doch konnte auch die Marburger Schule nicht bei dieser Konstruktion des Gegenstandes durch das Gesetz stehen bleiben, wie Natorps späterer Begriff des Urkonkre-
ten zeigt – aber auch die Rezeption der Dialektik des späten Plato durch den späten
Natorp, die so auffallend nahe an Hegel heranrückt. Diesen Zusammenhängen ist
inzwischen R. Wiehl in seinen vor der Publikation stehenden Studien zur platonischen und hegelschen Dialektik nachgegangen.

wendigkeit in die Dialektik von Gesetz und Fall, beziehungsweise es ergibt
sich eine Vervielfachung der Gesetze; man denke in concreto daran, wie etwa
das Fallgesetz Galileis zu seiner Zeit von den Aristotelikern bestritten wurde,
weil es nicht die volle Erscheinung deckte. Die volle Erscheinung enthält ja
in diesem Falle das Moment des Widerstandes, der Reibung mit. Ein anderes
Gesetz muß hier zu dem Gesetz des freien Falls, den es nie gibt, hinzukommen,
das Bremsgesetz des widerstehenden Mediums. Und das heißt grundsätzlich:
keine Erscheinung ist ein ‚reiner‘ Fall eines Gesetzes.

Wir haben also im Falle unseres Beispiels zwei Gesetze, wenn wir wirklich
das Resultat erzielen wollen, die wirkliche Erscheinung im stillen Abbild der
Gesetze darzustellen. Der Versuch, die Mechanik in dieser Weise auszubauen,
daß sie mit ihren ‚unreinen‘ Fällen fertig wird, führt zwar zunächst zu einer
Vervielfachung der Gesetze, aber sofern dadurch die Natur der Bewegungs-
erscheinungen als Ganze ‚verstanden‘ wird, erschließt sich der Blick auf die
Einheit der Gesetzlichkeit derselben, die ihre letzte Realisation in der Zu-
sammenfassung von terrestrischer Physik und Himmelsmechanik findet. Das
ist es, was nach Hegel im Ausdruck der allgemeinen Attraktion liegt, „daß
alles einen beständigen Unterschied zu anderem hat“ – und das will sagen,
daß es nicht zufällige Bestimmtheiten (‚in der Form der sinnlichen Selb-
ständigkeit‘ des Einen gegenüber dem Anderen) sind, auf denen aller Unterschied beruht, sondern die wesentliche Bestimmtheit jedes Körpers, ein Kraft-
feld zu bilden. Das ist der neue Standort, von dem aus sich das Wesen der
Kraft nicht im Unterschied von Kräften, sondern als ein Unterschied im
Gesetz der Kraft selbst darstellt, so daß z. B. Elektrizität immer positive und
negative ist – als die ‚Spannung‘, die wir elektrische Kraft nennen.

Freilich, als solcher Unterschied der Vorzeichen ist sie nur im Verstande.
Wenn so das Spiel der Kräfte als Gesetz gefaßt etwa positive und negative
Elektrizität ist, so meint das nichts als die Spannung, die in Wahrheit die
elektrische Energie ist, und nicht etwa zwei unterschiedene Kräfte. Das also
ist die Wahrheit des Spiels der Kräfte: die eine Gesetzlichkeit der Wirklichkeit, das Gesetz der Erscheinung[5]. Daß die Rede von unterschiedenen Kräften
unwahr ist, dazu gibt es eine Entsprechung von der Seite des Bewußtseins.
Es macht die Dialektik des Erklärens aus, daß das Gesetz von der Wirklichkeit, die es bestimmt, nur im Verstande unterschieden ist. Die Tautologie des
Erklärens läßt sich etwa am Beispiel der Lautgesetze demonstrieren: man
spricht da von den Gesetzen der Lautverschiebung, die den Lautwandel einer
Sprache ‚erklären‘. Aber die Gesetze sind natürlich nichts anderes als das, was
sie erklären. Sie haben nicht eine Spur von anderem Anspruch. Jede gramma-
tische Regel hat denselben tautologischen Charakter. Hier wird gar nichts
erklärt, sondern wird lediglich als Gesetz, das die Sprache beherrscht, ausgesprochen, was in Wahrheit das Leben der Sprache ist.

---

[5] *Wissenschaft der Logik*, T. 2, S. 124 ff.

Ich habe mit Absicht soeben ‚das Leben' der Sprache gesagt. Darauf zielt der Gedanke hin, und damit komme ich zu Hegels Lehre von der verkehrten Welt. Denn: was ist es denn eigentlich, was da überall fehlt, wo wir Gesetze das Wechseln der Erscheinungen bestimmen lassen? Warum ist das noch nicht die wahre Wirklichkeit? Es fehlt eben dieser platonisch-galileischen Vorstellung von dem ruhigen Reich der Gesetze oder der einen einheitlichen Gesetzlichkeit die Wirklichkeit selber, das Sichverändern als solches. Hegel nennt es die Absolutheit des Wechsels, d. h. das Prinzip der Veränderung. So hat schon Aristoteles Plato kritisiert, die Ideen, die εἴδη, seien mehr αἴτια ἀκινησίας ἢ κινήσεως: sie stellen mehr eine Antwort auf die Frage dar: „Was ändert sich in der Natur *nicht*?", als eine Antwort auf die Frage: „Was ist Natur?" Denn Natur, so sagt Aristoteles, ist ganz das, was die ἀρχὴ τῆς κινήσεως ἐν ἑαυτῷ ἔχει, d. h. was sich selbst von sich aus verändert.

So schreibt Hegel am Schluß dieses Abschnittes, in dem die verkehrte Welt zuerst genannt wird (S. 121): „Denn die erste übersinnliche Welt war nur die *unmittelbare* Erhebung der wahrgenommenen Welt in das allgemeine Element" – wir interpretieren: = *ascensus* des platonischen Höhlengleichnisses, Aufstieg zur noetischen Welt der bleibenden Idee. – „Sie hatte ihr notwendiges Gegenbild an dieser." Das ist die Schwäche der Ideenwelt, der wahrgenommenen Welt entgegengesetzt zu sein (als nichtseiender). Das Gleiche meint auch die kritische Wendung des Aristoteles, daß Platon die Welt verdoppelt: wozu dieses Abbild der wahrgenommenen Welt, die noetische Welt? Bleibt diese mathematisch figurierte Welt nicht das Entscheidende schuldig? Ist sie nicht nur die wahre Welt *für* diese im Wechsel bewegte, wahrgenommene Welt und entbehrt des Prinzips des Wechsels und der Veränderung, das doch das Sein der wahrgenommenen Wirklichkeit ausmacht[6]? So schließt Hegel: „das erste Reich der Gesetze entbehrte dessen, erhält es aber als verkehrte Welt". Eine Welt, die die ἀρχὴ κινήσεως in sich enthält und als solche die wahre Welt ist, ist eine Verkehrung der platonischen Welt, in der Bewegung und Veränderung das Nichtige sein sollten. Auch diese Welt ist jetzt eine übersinnliche Welt, d. h. hier sind die Veränderungen nicht bloßes ‚anders', also nichtseiend, sondern sind *als Bewegungen* verstanden. Sie ist nicht bloß das ruhige Reich der Gesetze, dem alle Veränderung gehorchen muß, sondern eine Welt, in der sich alles bewegt, weil es den Ursprung von Wechsel in sich enthält. Das scheint eine reine Umkehrung, und die moderne Forschung kam ganz von selber auf das Bild der ‚Umkehrung' für das Verhältnis des Aristoteles zur platonischen Ideenlehre. Nicht das oberste Eidos, sondern das τόδε τι ist ja die ‚erste Substanz' (J. Stenzel).

---

[6] Es ist hier der Ort, auf das Zwiespältige hinzuweisen, das Hegels Platoauffassung bestimmt. Einerseits sieht er ihn mit aristotelischen Augen: „Plato drückt das Wesen mehr als das Allgemeine aus, wodurch das Moment der Wirklichkeit ihm zu fehlen ... scheint." Anderseits erkennt er in der Dialektik Platos dies ‚negative Prinzip' (sc. der Wirklichkeit) an, wenn er sagt: „wesentlich ist es daran, wenn es die Einheit Entgegengesetzter ist", Werke, Bd. 14, S. 322.

Aber inwiefern kann sich durch diese Umkehrung des ontologischen Vor-
zeichens die wahre Welt eine verkehrte nennen? Wie sieht diese zweite übersinnliche Welt aus? Hier muß ich, um das Ganze einleuchtend zu machen,
noch einmal zurückgreifen. Hegel hat als Beispiel für den Unterschied in der
Kraft selbst die Elektrizität gegeben und das formalisiert zu der Dialektik
von Gleichnamigem und Ungleichnamigem, welches Letztere bei der Elektrizität als der Unterschied des Positiven und Negativen erscheint. Hegels Beispiele brauchen einen aber nicht zu beschränken. Was Hegel jeweils durch die
Beispiele illustriert, ist auch von ihm oft aus verschiedenen ‚Sphären‘ belegt.
Hier führt einen der Ausdruck ‚gleichnamig‘ weiter. Griechisch heißt das
Gleichnamige ὁμώνυμον oder lateinisch *univocum*. Das Gleichnamige ist
– scholastisch gesehen – die Gattung. Gesetz und Gattung sind hier in eins
gefaßt. Sie haben beide dieses an sich, daß sie eigentlich nur *sind* als die differenten Fälle. Das kann man sich bewußt machen und sagen: Das Gleichnamige sucht also, d. h. meint das Ungleichnamige. Die Gattung Huftier z. B.
meint Pferde, Esel, Maulesel, Kamele usw.; das Ungleichnamige meint sie, das
ist ihre Wahrheit. Und jede einzelne Art meint ebenso die differenten Indi-
viduen. Wenn wir nun das weiterdenken, so sehen wir, daß darin letzten
Endes der Gedanke steckt: der Unterschied, das Differente, das im Gleich-
namigen nicht Ausgesagte oder Gefaßte, ist gerade das Wirkliche. Wieder
erkennen wir darin ein antikes Motiv. Denn das gilt grundsätzlich für die
aristotelische Kritik an der platonischen Idee und für das, was Aristoteles
selber lehrt: das εἶδος ist nur ein Moment am τόδε τι, oder, wie Hegel es S. 124
ausdrücken wird, diese übersinnliche Welt, welche die verkehrte ist, hat die
Welt, die sie verkehrt, an sich selbst. Sie enthält das εἶδος. Es ist ja das, *was*
dies-da ausmacht, was im τόδε τι ist und was auf die Frage des Verstandes: τί
ἐστι; allein geantwortet werden kann, so wie es in der Kategorienschrift des
Aristoteles steht. Auch Aristoteles kann nicht anders als mit Plato antworten.
Wenn ich ein Dieses-hier habe und gefragt werde: was ist das?, dann kann
ich nur das εἶδος antworten. In diesem Sinne ist der Standpunkt des Verstandes umfassend. Aber das heißt nicht, daß die Wirklichkeit nur das εἶδος
ist. Es ist umgekehrt: das, was wirklich ist, ist das Einzelne, das von dieser
Art ist und von dem gesagt werden kann, es sei von dieser Art. Aber warum
kann Hegel sagen, dies Seiende der Erscheinung habe seine Umgekehrtheit
als Verkehrtheit an sich selber? Warum heißt die wahre Wirklichkeit verkehrte Welt?

Ich möchte einen Gedankengang entwickeln, der den Begriff der verkehrten
Welt verständlich macht: Es ist nie und nimmer ‚reines‘ Eidos, was als Erscheinung gegeben ist – wenngleich nur in ihm und seinesgleichen das Eidos
überhaupt da ist. Kein Ei gleicht dem anderen (Leibniz). Kein Fall ist ein
reiner Fall eines Gesetzes. Die wirkliche Welt, wie sie gegenüber der ‚Wahrheit‘ des Gesetzes als Erscheinung gegeben ist, ist also in einem gewissen Sinne
verkehrt; es geht in ihr nicht zu, wie es den Idealen eines abstrakten Mathe-

matikers oder Moralisten entsprechen mag. Freilich besteht ihre lebendige
Wirklichkeit gerade in dieser ihrer Verkehrtheit. Und das ist ihre Funktion
im dialektischen Beweisgang der Phänomenologie: es wird sich ergeben, daß
In-sich-verkehrt-sein heißt: Sich-gegen-sich-selber-kehren, sich zu sich selbst
verhalten, und das ist: Lebendig-sein.

Indessen, hat Hegel den Sinn von Verkehrtheit als Unrichtigkeit überhaupt
mit im Auge? Meint er nicht stets nur die dialektische Umkehrung und will
auch hier sagen: Die wahre Welt ist nicht jene übersinnliche Welt der ruhigen
Gesetze, sondern die Umkehrung derselben. Das Ungleiche des Gleichen, das
Wechselnde ist das Wahre. In diesem Sinne macht die Verkehrung – S. 123
unten – das Wesen der einen Seite der übersinnlichen Welt aus. Aber ausdrücklich mahnt Hegel, die Sache darf nicht sinnlich vorgestellt werden, als ob es
sich um die Verkehrung (Umkehrung) eines Gesetzten, für sich Bestehenden
handelte, als ob es also die erste übersinnliche Welt gebe und dann noch die
zweite verkehrte. Die Verkehrung ist vielmehr, wie S. 123 sagt, Reflexion in
sich, nicht der Gegensatz zu einem anderen. Der dialektische Sinn dieser Reflexion in sich liegt offenbar in folgendem: Wenn ich das Gegenteil (die verkehrte Welt) als das Wahre – an und für sich – nehme, so ist das Wahre notwendig das Gegenteil seiner selbst. Denn die Wirklichkeit der Erscheinung
hatte sich in dem, was sie an und für sich ist, zwar erwiesen, nicht bloße reine
Fälle von Gesetzen zu sein. Aber das schließt ein, daß sie *auch* das Gesetz der
Erscheinung ist. Sie ist also beides, das Gesetz und seine Verkehrung. Sie ist
das Gegenteil ihrer selbst. Wenn wir uns das durch Hegels Kritik an den
Gedankendingen, die nur sein *sollen*, den Hypothesen und all den anderen
‚Unsichtbarkeiten eines perennierenden Sollens‘ illustrieren[7], so ist in der Tat
die vernünftige Ansicht der Wirklichkeit von der Art, daß sie die hohle Allgemeinheit solcher Hypothesen und Gesetze verwirft, so sehr auch die Wirklichkeit dieselben umfaßt. Das Vernünftige und Konkrete ist die vom Prinzip
des Wechsels bestimmte Wirklichkeit. Abstraktionen werden immer wieder
zuschanden, weil es immer anders kommt.

Bekanntlich enthält die Logik das entfaltete Ganze der Gedankenbestimmungen des Seins und stellt daher zu einem Teile den natürlichen Kommentar
zu den Meinungen vom gegenständlichen Sein dar, welche den erscheinenden
Gestalten des Bewußtseins entsprechen und in der Phänomenologie entwickelt
werden. Auch die verkehrte Welt kommt nicht nur in der Phänomenologie,
sondern auch in der Logik vor, und zwar in der Weise, daß die an und für
sich seiende Welt die verkehrte der erscheinenden ist. Hier liegt die Bedeutung
von Umkehrung dem Ausdruck offen zugrunde, und man wird durch nichts
dahin geführt, in einem inhaltlichen Sinne an die Verkehrtheit dieser Welt
zu denken. Immerhin bleibt zu beachten, daß die Enzyklopädie (auch in der
Heidelberger Fassung) den Begriff der verkehrten Welt überhaupt nicht kennt

[7] Phänomenologie des Geistes, S. 190.

und daß die Logik die dialektische Entwicklung dieses Begriffes nicht ganz im Einklang mit der Phänomenologie durchführt.

Es sieht so aus, als ob Hegel die abstrakte Entgegensetzung von Gesetz und Erscheinung, wie sie in der Phänomenologie als der Gegensatz von übersinnlicher und sinnlicher Welt vorkommt, dem Sinn von Gesetz überhaupt als unangemessen erkannt hätte. Während er in der Phänomenologie von dem ruhigen Reich von Gesetzen sagt, daß es *zwar* jenseits der wahrgenommenen Welt sei, aber in ihr ebenso gegenwärtig und ihr unmittelbares, stilles Abbild, so sagt er in der Logik im selben Zusammenhang[8]: „Das Gesetz ist daher *nicht*[9] jenseits der Erscheinung, sondern in ihr unmittelbar gegenwärtig." Dem entspricht, daß das Reich der Gesetze überhaupt nicht mehr als eine Welt (sc. eine übersinnliche) erscheint. „Die existierende Welt ist selbst das Reich der Gesetze."

Natürlich durchläuft der Begriff des Gesetzes auch hier die gleichen Stufen, die in der Entwicklung der Phänomenologie erscheinen. Es ist zunächst die bloße Grundlage der Erscheinung und macht das Bleibende im Wechsel aus – neben dem der wechselnde Inhalt der Erscheinung fortbesteht. Es ist ein zweiter Schritt und ein veränderter Sinn von Gesetz, wenn das Gesetz die Unterschiede selbst setzt, die seinen Inhalt ausmachen. Der Sache nach entspricht das der ersten und der zweiten übersinnlichen Welt der Phänomenologie. Aber bemerkenswerterweise wird hier erst dem sich in die Totalität der Erscheinung in sich reflektierenden Gesetz der Totalitätscharakter, d. h. das Weltsein, zuerkannt. In der Logik wird nämlich das ruhige Reich der Gesetze überhaupt nicht übersinnliche *Welt*[10] genannt, sondern erst die verkehrte, d. h. die total in sich reflektierte, an und für sich seiende Welt heißt Welt (die in der Phänomenologie eine *zweite übersinnliche Welt*[10] genannt wird). So heißt es ausdrücklich erst von dieser: „So ist die in sich reflektierte Erscheinung nun eine *Welt*, die sich als *an und für sich seiende* über der *erscheinenden Welt* auftut." Sie heißt auch „*übersinnliche Welt*"[11], und erweist sich schließlich als die verkehrte Welt. Manche der Hegelschen Beispiele, die hier wie dort für diese Verkehrtheit, d. h. für die Umgekehrtheit dieser übersinnlichen Welt gebraucht werden, helfen für die Aufklärung des Sinnes von Verkehrtheit im allgemeinen nicht weiter. Nordpol und Südpol, positive und negative Elektrizität[12] veranschaulichen lediglich die Umkehrbarkeit dieser Verhältnisse, also ihren dialektischen Charakter.

Gleichwohl läßt sich die Frage nicht abweisen, ob die Wendung von der verkehrten Welt, so sehr sie den dialektischen Sinn der Umkehrung in sich trägt, für Hegel nicht doch etwas anklingen läßt, das dem Doppelsinn von Verkehrtheit entspricht. Einen ersten Hinweis dafür finde ich auf S. 122 der

[8] Wissenschaft der Logik, T. 2, S. 127.   [9] Hervorhebung von mir.
[10] Hervorhebung von mir.
[11] Wissenschaft der Logik, T. 2, S. 131 f.
[12] Phänomenologie des Geistes, S. 122; Wissenschaft der Logik, T. 2, S. 134.

Phänomenologie. Dort begegnet die Wendung von „dem Gesetz der einen Welt, welche eine verkehrte, übersinnliche Welt sich gegenüberstehen hat, in welcher das, was in jener verachtet ist, zu Ehren, was in jener in Ehren steht, in Verachtung kommt". Die verkehrte Welt ist also eine Welt, in der alles umgekehrt ist wie in der richtigen Welt. Ist das nicht ein wohlbekanntes Prinzip der Literatur, das, was wir Satire nennen? Man denkt etwa an die platonischen Mythen, insbesondere an den Mythos im Staatsmann, und etwa an den Meister der englischen Satire, an Swift. Auch in der Redensart: Das ist ja die verkehrte Welt – z. B. wenn die Diener die Herren spielen und die Herren die Diener – liegt ein Wink, daß solche Umkehrung etwas Aufdeckendes hat. Was in der verkehrten Welt vorliegt, ist nicht einfach das Gegenteil, der bloße abstrakte Gegensatz zur bestehenden Welt. Vielmehr läßt diese Umkehrung, in der alles anders ist, gerade die heimliche Verkehrtheit dessen, was bei uns ist, in einer Art Zerrspiegel sichtbar werden. Die verkehrte Welt wäre danach die Verkehrung der Verkehrtheit. Zu der Verkehrtheit der Welt die ‚Verkehrte Welt' zu sein, hieße, die Verkehrtheit derselben e contrario darzustellen, und das ist gewiß der Sinn jeder Satire.

Solche Darstellung durch die Gegenmöglichkeit läßt aber eine wahre, wenn auch unwirkliche Möglichkeit der bestehenden Welt aufblitzen. Ja, der Sinn satirischer Darstellung schließt gerade das ein. Als Aussage traut ja die satirische Umkehrung der Welt zu, sich an ihr als verkehrte und damit auch in ihren wahren Möglichkeiten zu erkennen. Es ist also die wirkliche Welt selbst, die sich in diese Möglichkeit und Gegenmöglichkeit auseinanderwirft. Indem die verkehrte Welt sich als die verkehrte darstellt, spricht sie die Verkehrtheit der bestehenden Welt aus. Hegel kann daher mit Recht von ihr sagen, sie sei „für sich die verkehrte, d. h. die verkehrte ihrer selbst", denn sie ist nicht das bloße Gegenteil. Die wahre Welt ist vielmehr beides, die als Ideal entworfene Wahrheit und die eigene Verkehrtheit. Bedenken wir nun weiter, daß eine der Grundaufgaben der Satire die Aufdeckung der moralichen Heuchelei, d. h. der Unwahrheit der seinsollenden Welt ist. Das gibt dem Sinn der verkehrten Welt erst die wahre Schärfe. Die wahre Wirklichkeit wird hinter dem falschen Scheine in ihrer Verkehrtheit sichtbar, indem die satirische Darstellung in jedem Falle das ‚Gegenteil an sich' ist, sei es als Übertreibung, sei es als der Kontrast der Unschuld oder wie immer [13].

---

[13] Die literarische Anwendung des Begriffs der ‚verkehrten Welt' auf die spätmittelalterliche Satire findet sich in extenso bei *Karl Rosenkranz,* Geschichte der deutschen Poesie im Mittelalter, Halle 1830, S. 586–594. Vgl. auch das Buch von *Klaus Lazarowicz,* Verkehrte Welt. Vorstudien zu einer Geschichte der deutschen Satire, Tübingen 1963, das freilich der Geschichte der Wortprägung nicht nachgeht. Etwas mehr findet man bei *Alfred Liede,* Dichtung als Spiel. Unsinnspoesie an den Grenzen der Sprache, Berlin 1963, II, S. 40 ff., und einige Belege aus dem 17. Jh. bei *Jean Rousset,* La littérature de l'âge baroque, Paris 1963, S. 26–28, bes. S. 27. Danach sieht die Sache so aus, daß das volkstümliche Motiv der Umkehrung ins Absurde erst allmählich den Charakter einer Wahrheitsaussage im Sinne der Satire erhält.

In diesem Sinne ist die verkehrte Welt kein bloß unmittelbarer Gegensatz zu der Erscheinung. Hegel bezeichnet das (S. 122) ausdrücklich als eine oberflächliche Betrachtung, in der „die eine die Erscheinung, die andere aber das An-Sich" ist. Das ist eine äußere Verstandesentgegensetzung. In Wahrheit handelt es sich nicht um den Gegensatz zweier Welten. Es ist vielmehr die „wahre, übersinnliche" Welt, die die beiden Seiten an sich hat, sich in den Gegensatz entzweit und damit sich auf sich bezieht.

Dafür gibt es nun eine ausgezeichnete Dokumentation an einem Lieblingsthema Hegels, das ihn von seiner Jugend an begleitet. Es ist das Problem der Strafe bzw. der Vergebung der Sünden, das den jungen Theologen über die moralische Weltanschauung der kantisch-fichteschen Philosophie hinausnötigte. Tatsächlich findet sich in der Analyse des Problems der Strafe[14], soweit ich sehe, zum ersten Male der Begriff der Verkehrtheit. Es wäre ein oberflächliches Verständnis, wie die Phänomenologie (S. 122) ausdrücklich sagt, wenn man die Strafe nur in der Erscheinung Strafe, an sich oder in einer anderen Welt aber Wohltat für den Verbrecher sein ließe. Von solchen zwei Welten ist nur in abstraktem Verstandesdenken die Rede. Das ist keine spekulative Umkehrung. Die Umkehrung, die die Strafe gegenüber der Tat bedeutet, ist auch nicht die einer realen Gegenwirkung, gegen die sich der Täter zu wehren sucht. Das wäre überhaupt noch nicht der Standpunkt des Rechtes und damit der Strafe, sondern der Standpunkt der Rache. Wohl gibt es ein solches unmittelbares Gesetz der Vergeltung. Aber die Strafe hat einen ganz umgekehrten Sinn, und insofern kann sie bei Hegel die ‚Verkehrung' der Rache heißen. Während der sich Rächende sich selbst als Wesen gegen den Verletzenden erweist und sein verletztes *Dasein* durch die Zerstörung des Täters wieder herzustellen sucht, handelt es sich bei der Strafe um etwas ganz anderes, nämlich um das verletzte *Recht*. Die Gegenwirkung der Strafe ist nicht die bloße Folge der Verletzung, sondern sie gehört zum Wesen der Tat selber. Die Tat als das Verbrechen heischt die Bestrafung, d. h. sie hat nicht die Unmittelbarkeit einer bloßen Handlung, sondern ist als das Verbrechen selbst in der Gestalt der Allgemeinheit da. So kann Hegel sagen: „Diese Verkehrtheit desselben, daß es das Gegenteil dessen wird, was es vorher war, ist die Strafe." Die Strafe als die Verkehrtheit, das will doch offenbar sagen: Die Strafe hat eine innere Wesensbeziehung zur Tat. Die Strafe ist vernünftig. Der Täter muß sich als der Vernünftige, der er sein will, gegen sich selbst kehren. In dem System der Sittlichkeit[15] beschreibt Hegel höchst eindrucksvoll, wie sich diese Umkehrung als eine abstrakte, ideelle im Phänomen des bösen Gewissens vollzieht. Die Selbstentzweiung des Täters mag durch die Furcht vor der Strafe, also durch das Sichwehren gegen ihre Realität, immer wieder betäubt werden – sie stellt sich in der Idealität des Gewissens immer wieder her, und das heißt:

---

[14] *Hegel*, Theologische Jugendschriften, hrsg. v. H. Nohl, Tübingen 1907, S. 280.
[15] *Hegel*, Schriften zur Politik und Rechtsphilosophie, hrsg. v. G. Lasson, Leipzig 1913, S. 453.

die Verkehrtheit stellt sich immer wieder her, sofern die Strafe ‚gefordert‘ wird.

Ist es nun nicht notwendig, diese Verwandlung des Sinnes der Strafe in dem vollen Doppelsinne von Verkehrtheit zu verstehen? Daß die Strafe als die geheischte und notwendige die Verkehrtheit der Tat ‚ist‘, heißt doch, daß sie als solche anerkannt ist. In ihr ist daher die Aussöhnung des Gesetzes mit der ihm im Verbrechen entgegengesetzten Wirklichkeit erfolgt. Wird sie aber angenommen und vollzogen, und ist damit die wirkliche Strafe, hebt sie sich selbst auf – und ebenso hat sich damit die Selbstzerstörung des Verbrechers aufgehoben, und er ist mit sich selbst wieder einig. Die Entzweiung des Lebens, die in der Angst vor der Strafe und der Qual des Gewissens ihn beherrschte, ist in der Versöhnung mit dem Schicksal aufgehoben. Auch hier darf man sagen, die verkehrte Welt, die darin besteht, daß die Strafe nicht „den Menschen schändende und vertilgende ist, sondern sein Wesen erhaltende Begnadigung“, ist nicht nur eine Umkehrung der abstrakten Welt des Gegensatzes von Tat und Strafe, sondern deckt zugleich die Verkehrtheit dieser abstrakten Welt auf und hebt sie in die ‚höhere Sphäre‘ [16] des Schicksals und der Versöhnung mit dem Schicksal.

Auch zeigt der Fortgang der Gestaltenfolge des Wissens in der Phänomenologie mit voller Klarheit, daß die Verkehrung und Verkehrtheit gerade und vor allem das Gute und das Schlechte erfaßt, so daß die Bedeutung von Verkehrtheit ebenso eine formale wie inhaltliche ist. Im Kapitel *Die Bildung und ihr Reich der Wirklichkeit* wird das in der Logik für die verkehrte Welt mitgenannte Beispiel: „Was im erscheinenden Dasein böse, Unglück usf. ist, ist *an und für sich* gut und ein Glück“ [17] zum ausdrücklichen Thema gemacht. Dort [18] heißt es: „Wenn ... das gerade Bewußtsein das Gute und Edle, d. h. das sich in seiner Äußerung Gleichhaltende, auf die einzige Weise, die hier möglich ist, in Schutz nimmt, – daß es nämlich seinen Wert nicht darum verliere, weil es an das Schlechte *geknüpft* oder mit ihm *gemischt* sei... –, so hat dies Bewußtsein, indem er zu widersprechen meinte, damit nur ... in eine triviale Weise zusammengefaßt, ... daß das edel und gut Genannte in seinem Wesen das Verkehrte seiner selbst, so wie das Schlechte umgekehrt das Vortreffliche ist.“

Das Gute *ist* das Schlechte. Man kann Hegel gar nicht wörtlich genug verstehen. „Summum ius – summa iniuria“ heißt: Die abstrakte Rechtlichkeit *ist* Verkehrtheit, das heißt, sie führt nicht nur zur Ungerechtigkeit, sondern sie ist selber höchste Ungerechtigkeit. Wir sind viel zu sehr gewohnt, spekulative Sätze zu lesen, als ob da ein Subjekt zugrunde liegen bliebe, dem nur eine andere Eigenschaft zugesprochen wird [19].

[16] Theologische Jugendschriften, S. 279.
[17] Wissenschaft der Logik, T. 2, S. 134.
[18] Phänomenologie des Geistes, S. 373 f.
[19] Vgl. meinen Beitrag Hegel und die antike Dialektik oben S. 7–30. – Übrigens

Damit kehren wir von unserer Untersuchung des dialektischen Sinnes der verkehrten Welt zu ihrer Funktion im Gedankengang der Phänomenologie zurück. Was ich an dem Beispiel der Strafe und der Versöhnung des Schicksals zeigte, stammte zwar aus einer ‚anderen Sphäre‘, die Hegel selber zur Illustration heranzieht[20], aber die allgemeine Struktur und die innere Notwendigkeit des dialektischen Fortgangs wird dadurch bestätigt. Wir können gar nicht anders als zugeben: Die unsinnliche, übersinnliche Welt des Allgemeinen stellt nur ein Moment an dem, was wirklich ist, dar. Die wahre Wirklichkeit ist die des *Lebens*, das sich in sich selbst bewegt. Plato hat das im αὐτοϰινοῦν, Aristoteles als das Wesen der Physis überhaupt gedacht. Im Gange der Gestalten des Wissens, die die Phänomenologie durchläuft, bedeutet es einen ungeheuren Fortschritt, daß jetzt das Sein des Lebendigen gedacht wird. Das Lebendige ist nicht mehr bloßer Fall von Gesetz oder Resultat aufeinander wirkender Gesetze, sondern es ist gegen sich selbst gekehrt oder, wie wir sagen: ‚es verhält sich‘. Es ist ein Selbst. Das ist eine dauerhafte Wahrheit. Soweit uns auch die moderne Physiologie die Rätsel des organischen Lebens enthüllen mag, im Wissen vom Lebendigen werden wir nie aufhören, eine Umkehr zu vollziehen, und, was als Spiel der Kräfte die Prozesse des organischen Wesens gesetzlich regelt, umgekehrt als ein Verhalten des Organismus zu denken und ihn als lebendig zu ‚verstehen‘. Mag immer der Newton des Grashalms eines Tages auftreten – in einem tieferen Sinne wird Kant recht behalten. Unser Weltverständnis wird nicht aufhören, ‚teleologisch‘ zu urteilen. Das ist auch für uns, nicht nur für Hegel, ein notwendiger Übergang, ein Fortgang zu einer anderen, höheren Weise des Wissens wie des Gewußten. Was wir als Lebendiges ansehen, das müssen wir in der Tat in einem entschiedenen Sinne als ein Selbst sehen. ‘Selbst’ aber bedeutet: in aller Ununterschiedenheit Identität mit sich, sich von sich Unterscheiden. Die Seinsweise des Lebendigen entspricht darin der Seinsweise des Wissens selber, das das Lebendige versteht. Denn auch das Bewußtsein des Selbstseins hat die gleiche Struktur eines Unterscheidens, das kein Unterscheiden ist. Damit ist der Übergang in das Selbstbewußtsein grundsätzlich vollzogen. Wenn wir einsehen, daß die in den Augen des Idealisten und des mathematischen Physikers unreine, d. h. verkehrte Welt (weil es in ihr nicht bloß die abstrakte Allgemeinheit des Gesetzes und die reinen Fälle gibt) die richtige Welt ist und daß das heißt, daß in ihr Leben ist und sich im unend-

---

unterscheidet auch unser Sprachgebrauch recht sicher zwischen ‚falsch‘ und ‚verkehrt‘. Eine verkehrte Antwort ist zwar nicht richtig, aber die Elemente des Wahren sind darin kenntlich und bedürfen nur der ‚Richtigstellung‘, während eine falsche Antwort als solche keinen Weg zu ihrer Berichtigung enthält. So kann z. B. eine Auskunft falsch heißen, auch wenn sie in bewußter Täuschungsabsicht gegeben wird – in solchem Falle könnte sie aber nicht verkehrt heißen. Denn eine verkehrte Antwort oder Auskunft ist immer eine, die richtig sein will und der es widerfuhr, falsch zu sein. So ist auch das malum die conversio boni.

[20] Phänomenologie des Geistes, S. 122.

lichen Wechsel, in der beständigen Unterscheidung seiner von sich selbst die Einheit des Selbstseins erhält, dann ist die Vermittlung, die Hegel sich in der Dialektik des Bewußtseins als Aufgabe gestellt hat, im wesentlichen gelöst. Dann ist bewiesen, daß das Bewußtsein Selbstbewußtsein ist. Dessen ist es in seinem Wissen eigentlicher gewiß als all der Auffassungen vom Seienden, die ihm Sinne und Verstand vermittelten. Diese Gewißheit übertrifft sie alle. Wenn es ein Seiendes als Selbst, d. h. als das sich auf sich selbst Beziehende denkt, dann ist das so als seiend Gedachte als etwas gemeint, das die gleiche Gewißheit von sich selber hat, welche das eigene Selbstbewußtsein besitzt. Das ist das wahre Eindringen in das Innere der Natur, das allein die Natürlichkeit der Natur, ihr Leben, erfaßt: Das Lebendige fühlt das Lebendige, d. h. es versteht es von innen wie sich selbst, als sich selbst. Das αὐτοκινοῦν ist in seinem abstrakten Wesen das Sich-auf-sich-selbst-Beziehen des Lebendigen, als Wissen ist es die Formel des Idealismus, Ich gleich Ich, d. h.: das Selbstbewußtsein.

So löst dieser erste Teil der Phänomenologie die Aufgabe, dem Bewußtsein den Standpunkt des Idealismus in ihm selbst aufzuzeigen. Was Hegel über diesen Standpunkt des Idealismus hinausführt, der Begriff der Vernunft, der die Subjektivität des Selbst überschreitet und der seine Realisation als Geist findet, hat in diesem ersten Teil seine Grundlegung gefunden. Seine Ausführung reicht auch noch über uns selbst hinaus.

III

DIE IDEE DER HEGELSCHEN LOGIK

Die Philosophie Hegels erfuhr in unserem Jahrhundert eine überraschende Wiederkehr, nachdem sie jahrzehntelang die Rolle des Prügelknaben gespielt hatte und vom Standpunkte der Erfahrungswissenschaften aus den Inbegriff verwerflicher Spekulation repräsentierte. Noch bis zum heutigen Tage ist eine solche Einschätzung Hegels im angelsächsischen Ausland vorherrschend. Es war im Zeitalter des Neukantianismus, daß sich das Interesse an der Hegelschen Philosophie allmählich wieder belebte. In Italien und Holland, in England und Frankreich gab es um die Jahrhundertwende eindrucksvolle Vertreter des spekulativen Idealismus. Es sei nur an Croce, Bolland und Bradley erinnert. In derselben Zeit trat der geheime Hegelianismus, der in der Philosophie des Neukantianismus selber wirksam war, auch in Deutschland eigens in das philosophische Bewußtsein, vor allem im Heidelberger Kreis von Wilhelm Windelband, dem Männer wie Julius Ebbinghaus, Richard Kroner, Paul Hensel, Georg Lukács, Ernst Bloch und andere angehörten, sowie in der Fortentwicklung der Marburger Schule (Nicolai Hartmann, Ernst Cassirer). Indessen bedeutete das noch keine wirkliche philosophische Aktualität Hegels, sofern dieser sog. Neuhegelianismus die von Hegel an Kant geübte Kritik nur eben wiederholte.

Doch änderte sich das in Deutschland mit dem von Martin Heidegger ausgehenden Impuls und später mit dem gesellschaftswissenschaftlichen Hegel-Interesse, das von Frankreich aus vor allem durch die Vorlesungen von Alexander Kojève geweckt worden war. Beide Anstöße lenkten das Interesse der Philosophie mit einer gewissen Einseitigkeit auf das erste große Werk Hegels, die ‚Phänomenologie des Geistes‘. Dagegen blieb bis heute die ‚Logik‘ noch recht zurück. In Wahrheit ist aber nicht die ‚Phänomenologie des Geistes‘ das systematische Hauptwerk der Hegelschen Philosophie, wie sie das 19. Jahrhundert jahrzehntelang beherrscht hatte. Die ‚Phänomenologie des Geistes‘ ist eher eine Art Vorwegnahme, in der Hegel das Ganze seines Denkens unter einem besonderen Gesichtspunkte zusammenzufassen versuchte. Anders als für den Verfasser der drei Kritiken, der darüber mit seinen Nachfolgern in Streit geriet, stand es für Hegel ganz unbezweifelt fest, daß diese phänomenologische Einleitung in sein System in gar keinem Sinne das System der philosophischen

---

Bisher unveröffentlicht.

Wissenschaften selber war. Im Unterschied dazu ist die ‚Wissenschaft der Logik' nicht nur der erste Schritt in der Richtung auf den Aufbau des Systems der philosophischen Wissenschaften, wie es später die sog. ‚Enzyklopädie' zur Darstellung bringt, sondern ist dessen erster und grundlegender Teil. Ohnehin ist die ‚Enzyklopädie der philosophischen Wissenschaften' eigentlich nur ein Textbuch für Hegels Vorlesungen. Der große Einfluß, den Hegel auf das 19. Jahrhundert ausübte, kam nicht so sehr aus dem sibyllinischen Tiefsinn seiner Bücher, sondern aus der großartigen Anschaulichkeit seiner Vorlesungen. Hegels Bücher sind aber im Grunde nur die ‚Phänomenologie des Geistes' und eben die ‚Wissenschaft der Logik'. Nur diesen Teil seines Systems der philosophischen Wissenschaften hat er wirklich vollendet. Selbst die berühmteste Buchpublikation Hegels, auf die das 19. Jahrhundert vor allem blickte, seine ‚Rechtsphilosophie', ist in Wahrheit nichts als ein Textbuch für den akademischen Unterricht und nicht die wirkliche Ausarbeitung eines Teils des Systems. Alle diese Tatsachen lassen es an der Zeit erscheinen, in das Zentrum der Hegelstudien stärker als bisher die ‚Wissenschaft der Logik' zu stellen. Die Verständigung über Hegels Idee der logischen Wissenschaft möge daher eine Auseinandersetzung vorbereiten, wie sie von unserem gegenwärtigen philosophischen Interesse aus geboten ist.

Ich werde zunächst die Idee der Hegelschen Logik im allgemeinen behandeln, dann die Methode dieser Logik, drittens will ich den Anfang der Logik, eines der meistdiskutierten Probleme der Hegelschen Philosophie, etwas genauer untersuchen und schließlich in einem vierten Teil die Aktualität der Hegelschen Logik vor allem unter dem Gesichtspunkt erörtern, wie sich dieselbe zu dem Problem der Sprache verhält, das in der heutigen Philosophie eine so zentrale Rolle spielt.

1

Hegel will mit seiner Logik die von Kant begründete Transzendentalphilosophie zu ihrer Vollendung bringen. Nach Hegel war Fichte der erste, der die universale systematische Tragweite der kantischen transzendentalphilosophischen Betrachtungsweise begriffen hatte. Zugleich aber war er der Ansicht, daß Fichtes eigene ‚Wissenschaftslehre' die große Aufgabe nicht wirklich zu Ende geführt habe, die Allheit des menschlichen Wissens aus dem Selbstbewußtsein zu entfalten. Genau diesen Anspruch verkörperte freilich Fichtes ‚Wissenschaftslehre'. Fichte erblickte in der Spontaneität des Selbstbewußtseins die eigentliche Urhandlung, die ‚Tathandlung', wie er es nannte. Diese autonome Handlung des Selbstbewußtseins, sich zu sich selbst zu bestimmen, die Kant als das Wesen der praktischen Vernunft durch den Begriff der Autonomie formuliert hatte, sollte nun der Quellpunkt für jede Wahrheit des menschlichen Wissens sein: Das Ich ist ‚dies unmittelbare Selbstbewußtsein' (Logik I, Phil. Bibl. S. 61). Hegel bemerkt dagegen, daß damit eine Idee des

reinen Ich als des Selbstbewußtseins nur ,unmittelbar gefordert' sei. Ein solches
subjektives Postulat verbürge kein sicheres Verständnis von dem, was hier
Selbst, d. h. das Ich im transzendentalen Sinne sei.

Nun wird man sich hüten müssen, Hegels Schema einfach zu übernehmen,
demzufolge Fichte einen bloß subjektiven Idealismus gelehrt und erst Hegel
diesen subjektiven Idealismus mit dem objektiven Idealismus der Schelling-
schen Naturphilosophie zu der großen gültigen Synthese des absoluten Idealismus vereinigt habe. In Wahrheit beruht die Wissenschaftslehre Fichtes durchaus auf der Idee des absoluten Idealismus, d. h. auf der Entfaltung des gesamten Inhalts des Wissens als des vollendeten Ganzen des Selbstbewußtseins.
Doch wird man Hegel darin recht geben müssen, daß Fichte die Einleitung in
diesen absoluten Standpunkt der ,Wissenschaftslehre', d. h. die Erhebung und
Reinigung des empirischen Ich zum transzendentalen, mehr gefordert als
geleistet habe. Eben das ist es, was Hegel nun selbst durch seine ,Phänomen-
ologie des Geistes' geleistet haben will. Man kann es auch so ausdrücken: Hegel
weist nach, daß das reine Ich Geist ist. Das ist das Resultat auf dem Weg, den
der erscheinende Geist durchläuft, indem er seine Erscheinung als Bewußtsein
und als Selbstbewußtsein (auch als das ,anerkannte' Selbstbewußtsein des
,Wir') hinter sich läßt und ebenso alle Gestalten des Vernünftigen und des
Geistigen, die noch den Gegensatz des Bewußtseins an sich haben. Die Wahrheit des Ich ist das reine Wissen. Am Schluß des letzten Kapitels der ,Phäno-
menologie' über ,das absolute Wissen' steht daher die Idee der ,philosophi-
schen Wissenschaft', deren Momente sich nicht mehr als bestimmte Gestalten
des Bewußtseins, sondern als bestimmte Begriffe darstellen. Das ist aber
zunächst die Logik. Der Beginn der Wissenschaft beruht also auf dem Resultat
der Erfahrungen des Bewußtseins, das mit der sinnlichen Gewißheit beginnt
und sich in den Gestaltungen des Geistes vollendet, die Hegel ,absolutes Wissen' nennt: der Kunst, der Religion und der Philosophie. Sie sind absolut, weil
in ihnen kein meinendes Bewußtsein über das hinausgeht, was sich in ihnen
in voller Affirmation zeigt. Hier zuerst beginnt die Wissenschaft, weil hier
zuerst nichts als die Gedanken, d. h. der reine Begriff in seiner reinen Bestimmtheit gedacht wird (Phän., Phil. Bibl. S. 562). Das absolute Wissen ist
also das Resultat einer Reinigung, in dem Sinne, daß als die Wahrheit des
transzendentalen Ich-Begriffs Fichtes herausgekommen ist, nicht bloß Subjekt
zu sein, sondern Vernunft und Geist und damit alles Wirkliche. Das ist Hegels
eigenste Grundlegung, durch die er das absolute Wissen als die Wahrheit der
Metaphysik, wie sie etwa Aristoteles als Nus oder Thomas im ,Intellectus
agens' gedacht hat, wiederherstellt und dadurch eine allgemeine Logik (die die
Gedanken Gottes vor der Schöpfung entfaltet) möglich macht. Sein Begriff
des Geistes, der die subjektiven Formen des Selbstbewußtseins übersteigt, geht
also auf die Logos-Nus-Metaphysik der platonisch-aristotelischen Tradition
zurück, die noch vor aller Problematik des Selbstbewußtseins liegt. Hegel hat
damit für sich die Aufgabe gelöst, den griechischen Logos auf dem Boden des

modernen, sich selber wissenden Geistes neu zu begründen. Aus der Selbst-
aufklärung des Bewußtseins über sich selbst ergibt sich das Licht, in dem alles
Wahre steht, ohne jede weitere onto-theologische Begründung.

Will man unter dieser Perspektive die Idee der Hegelschen Logik charak-
terisieren, ist es gut, die platonische Dialektik zum Vergleich heranzuziehen.
Denn das ist das Vorbild, das Hegel ständig gegenwärtig hat. Er sah in der
griechischen Philosophie die Philosophie des Logos, d. h. die Kühnheit, „die
reinen Gedanken in sich zu betrachten". Ihr Resultat ist die Entfaltung des
Universums der Ideen. Hegel gebraucht dafür einen charakteristischen neuen
Ausdruck, den ich bisher nicht vor ihm nachweisen kann. Es ist der Ausdruck
‚das Logische'. Was er damit charakterisiert, ist der Gesamtbereich der Ideen,
wie ihn die platonische Philosophie in ihrer Dialektik entfaltet. Bei Plato
war es der bewegende Impuls gewesen, sich von jedem Gedanken Rechenschaft
zu geben. Platos Ideenlehre wollte die große Forderung des platonischen
Sokrates, die Rechenschaftsgabe (λόγον διδόναι), mit seiner Ideenlehre einlösen.
Es ist nun der Anspruch der Hegelschen Dialektik der Logik, diese Forderung,
sich von der Rechtmäßigkeit eines jeden Gedankens klare Rechenschaft zu
geben, durch systematische Entfaltung aller Gedanken zu erfüllen. Das konnte
freilich nicht mehr in der lebendigen Führung eines sokratischen Gesprächs
geschehen, das eine vermeintliche Wissensvorstellung nach der anderen über-
windet, indem es sich schrittweise fragend und antwortend Einverständnis
verschafft, und auch nicht in der platonischen Begründung dieses Verfahrens
durch die Ideenlehre, sondern auf der Grundlage der methodischen Konsequenz der ‚Wissenschaft', die in der cartesianischen Methodenidee ihren
letzten Grund hat und sich unter dem Gesichtspunkt der Transzendental-
Philosophie aus dem Prinzip des Selbstbewußtseins entfaltet. Die systematische Ableitung der reinen Begriffe in der ‚Wissenschaft der Logik', in der
der Geist „das reine Element seines Daseins, den Begriff", gewonnen hat,
bestimmt dann das System der Wissenschaft als Ganzes. Sie stellt das All der
Möglichkeiten des Gedankens als die Notwendigkeit dar, mit der sich die Bestimmtheit des Begriffs immer weiter bestimmt – in einem Sinn, für den Platos
unendliches Gespräch der Seele mit sich selber nur ein formales Vorbild war.

2

Im Rückblick auf die griechische Philosophie läßt sich auch die Idee der
Methode allein verstehen, durch die Hegel die überlieferte Logik zu einer
echten philosophischen Wissenschaft zu machen suchte: die Methode der Dialektik. Die Dialektik entstammt dem großartigen Wagemut der eleatischen
Philosophie, sich gegenüber dem Augenschein der sinnlichen Erfahrung konsequent und rücksichtslos an das zu halten, was das Denken, und allein das
Denken, fordert. Nach einem berühmten Ausdruck Hegels waren es diese

griechischen Denker, die als erste das feste Land hinter sich ließen und es wagten, sich allein mit Hilfe des Gedankens auf das hohe Meer des Denkens zu begeben. Sie waren die ersten, die das ‚reine‘ Denken forderten und vollzogen, das uns noch aus dem Titel von Kants Hauptwerk, der Kritik der ‚reinen‘ Vernunft, nachklingt. Der Ausdruck ‚reines Denken‘ weist dabei offenkundig auf pythagoreisch-platonischen Ursprung. Es ist die Reinigung, die Katharsis, durch die sich das Denken von jeder Trübung durch die Sinne befreit.

Plato hat diese Kunst des reinen Denkens in der Darstellung sokratischer Gesprächsführung porträtiert, die der Konsequenz des Gedankens unbeirrbar nachgeht. Nun bemerkt Hegel mit einem gewissen Recht, daß es der Mangel der platonischen Dialektik sei, daß sie nur negativ sei und keine positive wissenschaftliche Erkenntnis vollbringe. In der Tat ist die platonische Dialektik nicht eigentlich eine Methode und am wenigsten die transzendentale Methode Fichtes oder Hegels. Es gibt da keinen absoluten Anfang und keine Begründung in einer Idee des absoluten Wissens, das von allem Gegensatz des Wissens und Gewußten befreit wäre und alles Wissen in sich befaßte, so daß sich der ganze Inhalt des Wissens als die Fortbestimmung des Begriffs zu sich selbst vollendete. Es war etwas anderes, was sich bei Plato findet und was für das Hegelsche Denken vorbildlich wurde: die Verkettung der Ideen. Die Grundüberzeugung, die wir vor allem im ‚Parmenides‘ entwickelt finden, ist, daß es keine Wahrheit einer einzelnen Idee gibt, so daß eine Idee Isolieren immer ein Verkennen der Wahrheit ist. Die Ideen sind nur in ihrer Verkettung, Vermischung oder Verflechtung, wie sie im Reden begegnen oder im Gespräch der Seele mit sich selbst, jeweils ‚da‘. Das menschliche Denken hat nicht die Verfassung eines ursprünglichen und unendlichen, anschauenden Geistes, sondern erfaßt, was ist, immer nur in diskursiver Entwicklung seiner Gedanken. Das hat insbesondere die kantische Philosophie eingeschärft, indem sie die Legitimität des Begriffs durch den Bezug auf mögliche Erfahrung zurückgebunden hat. Die hinter Platos ‚Parmenides‘ sichtbare Wahrheit war es jedenfalls, daß Logos immer ein Komplex von Ideen, die Beziehung von Ideen aufeinander ist. Und insofern ist die erste Wahrheit der Hegelschen Logik eine Wahrheit Platos, die schon im ‚Menon‘ in der Form anklingt, daß die gesamte Natur miteinander verwandt ist, so daß der Weg der Erinnerung an Eines der Weg zu Allem ist. Es gibt keine einzelnen Ideen, und es ist die Aufgabe der Dialektik, die Unwahrheit des Fürsichseins aufzulösen.

Das einzusehen, ist bei den sog. Reflexionsbestimmungen am leichtesten. Jedermann weiß, daß Identität keine selbständige Bedeutung hätte, wenn nicht in der Selbigkeit auch die Unterschiedenheit impliziert wäre. Identität ohne Unterschied wäre absolut nichtig. So sind die Reflexionsbestimmungen das überzeugendste Argument für die innere Verkettung der Ideen miteinander. In der Tat liegen sie der Argumentation im platonischen ‚Sophistes‘ zugrunde, weil sie jegliche Verflechtung von Ideen zum Ganzen einer Rede

überhaupt erst möglich machen. Nun muß man freilich schon bei der platonischen Ideendialektik beachten, daß Plato die reinen Reflexionsbegriffe, die
dem Logos als solchem zukommen, nicht mit voller Klarheit von den ,Welt-
begriffen' abgehoben hat. So finden sich ,kosmologische' Begriffe, wie Bewegung und Ruhe mit den Reflexionsbegriffen der Verschiedenheit und Selbigkeit im ,Sophistes' wie im ,Timaios' auf eigentümliche Weise verschmolzen.
Eben diese Verschmelzung liegt dem Anspruch zugrunde, daß die Dialektik
das Ganze der Ideen zu denken vermöge. Dabei bleibt der grundsätzliche
Unterschied von ,Kategorien', die den allverbindbaren ,Vokalen des Seins',
von denen der ,Sophistes' redet, entsprechen, und sachhaltigen Begriffen, die
jeweils nur eine begrenzte Seinsregion artikulieren, unangefochten. Indessen
knüpft Hegels Anspruch gerade hier an. Für ihn sind Gegenstandsbegriffe und
Reflexionsbegriffe nur verschiedene Stufen in der gleichen Entfaltung: die
Begriffe des Seins und die Begriffe des Wesens vollenden sich in der Lehre von
dem Begriff. Er möchte alle Grundbegriffe unseres Denkens systematisch auseinander entwickeln, weil sie insgesamt Bestimmung des Begriffes, d. h. Aussagen des Absoluten sind und es nur der systematischen Methode bedürfe, die
Verknüpfung aller Begriffe miteinander zu entfalten. Was sich in der Lehre
vom Begriff vollendet, ist mithin die Einheit von Denken und Sein, die ebensosehr dem aristotelischen Begriff der Kategorie als dem kantischen Begriff
derselben entspricht. Auf ihr beruht die Idee der neuen Wissenschaft der Logik,
die Hegel der traditionellen Gestalt der Logik ausdrücklich entgegensetzt.
Nachdem Kant den transzendentalen Gesichtspunkt erreicht, den Logos der
Gegenständlichkeit, d. h. ihre kategoriale Konstitution zu denken gelehrt
habe, könne die Logik nicht mehr formale Logik bleiben, die sich auf die
bloßen Formbeziehungen von Begriff, Urteil und Schluß einschränke.
Die neue Wissenschaftlichkeit, die Hegel in die Logik bringen will, besteht
darin, daß er im Ausgang von den traditionellen kantischen Theorien das
universale System der Verstandesbegriffe zum Ganzen der ,Wissenschaft' entfaltet. Wenn dieses System der Kategorien auch aus der Reflexion des Denkens auf sich selbst geschöpft ist, so sind doch die Kategorien selber gerade
keine bloßen Reflexionsbestimmungen. Kant nannte die Reflexionsbestimmungen ja geradezu ,amphibolisch' und schloß sie aus der Kategorientafel aus, weil
sie keine eindeutige gegenstandsbestimmende Funktion besitzen. Kategorien
sind auch nicht bloße Formbestimmungen der Aussage oder des Denkens,
sondern erheben den Anspruch, in der Form der Aussage die Seinsordnung zu
erfassen. So ist es bei Aristoteles, und so will auch die kantische Theorie der
synthetischen Urteile a priori ihrerseits rechtfertigen, wie reine Verstandesbegriffe auf die Erfahrung der in Raum und Zeit gegebenen Welt legitime
Anwendung finden können. Hegels Idee der Logik will nun diese Tradition
der Kategorienlehre als der Lehre von den Grundbegriffen des Seins, die den
Gegenstand der Erfahrung konstituieren, zusammen mit den reinen Reflexionsbegriffen, die bloße Formbestimmungen des Denkens sind, in einem einheit-

lichen Zusammenhang begreifen. Anders gesprochen, er sucht dem aus der aristotelischen Metaphysik stammenden Begriff der ‚Form‘ seine ursprünglich gegenständliche Bestimmung zurückzugeben. So versteht sich der Aufbau seiner Logik, die die Lehre vom Sein und die Lehre vom Wesen in der Lehre vom Begriff vereinigt. Die Lehre vom Sein folgt der kantischen Kategorientafel insoweit, als sie Qualität und Quantität umfaßt, während die Lehre vom Wesen und vom Begriff die Relations- und Modalkategorien entfaltet. In der Unruhe beständiger, sich selbst aufhebender Negativität sollen alle diese möglichen Bestimmtheiten zu systematischer Ableitung gelangen.

Das Ideal einer so vollendeten Wissenschaft der Logik schließt nun nicht etwa ein, daß diese Vollendung in einem subjektiven Sinne je vollständig erreicht wäre. Hegel selbst erkennt durchaus an, daß seine eigene Logik ein Versuch sei und der Vervollkommnung bedürfe. Offenbar meint er damit, daß man in feineren Unterscheidungen ausarbeiten könne, was er nur in großen Linien skizziert habe, so wie er selbst im Unterricht offenbar mannigfache Wege der Ableitung versucht hat. Insofern stellt die methodische Notwendigkeit, durch die sich die inneren Beziehungen der Begriffe kraft ihrer eigenen Dialektik entfalten, keine Notwendigkeit im subjektiven Sinne dar. Man kann in der Tat beobachten, daß Hegel sich auch in seinen eigenen Veröffentlichungen selber korrigiert, nicht nur im Unterschiede etwa der zweiten Auflage des ersten Bandes der ‚Logik‘ von der ersten Auflage, sondern auch innerhalb ein und desselben Textes. Er kann etwa sagen, daß er dieselbe Sache noch von einem anderen Gesichtspunkt aus zeigen wolle, daß man zu dem gleichen Resultat auch auf eine andere Weise gelangen könne usw. Hegel meint also nicht nur, daß er die große Aufgabe nicht vollendet habe, die er sich mit seiner ‚Logik‘ gestellt hat, sondern darüber hinaus, daß sie in einem absoluten Sinne überhaupt nicht vollendbar sei.

Dem entspricht, daß es einen Unterschied zwischen den operativen Begriffen des Denkens und ihrer Thematisierung gibt. So ist es einleuchtend, daß man die Kategorien des Wesens, z. B. die Reflexionsbestimmungen, immer schon gebrauchen muß, wenn man überhaupt Aussagen machen soll. Man kann nicht einen Satz sagen, ohne darin die Kategorien der Identität und der Verschiedenheit schon ins Spiel zu bringen. Gleichwohl beginnt Hegel seine ‚Logik‘ nicht mit den Kategorien der Identität und des Unterschiedes. Das hätte ihm ja auch gar nichts helfen können. Selbst wenn er diese Kategorien der Reflexion gleich zu Anfang hätte entwickeln wollen, hätte er dabei Identität wie Differenz schon voraussetzen müssen. Wer überhaupt Sätze sagt, gebraucht verschiedene Wörter und versteht unter jedem Worte das und nicht jenes. So sind beide Kategorien, Identität und Differenz, darin schon impliziert. Hegels systematische Absicht schreibt ihm daher einen anderen Aufbau vor. Wenn er den Zusammenhang aller Kategorien auseinander ableiten will, so hat er dabei den Maßstab, der durch die Bestimmtheit als solche gegeben ist. Alle Kategorien sind ja Bestimmtheiten des ‚Inhalts‘ des Wissens, d. h. des

Begriffs. Indem der Inhalt sich in die Mannigfaltigkeiten seiner Bestimmtheit entfalten soll, um die Wahrheit des Begriffs zu gewinnen, muß die Wissenschaft mit dem anfangen, worin am wenigsten Bestimmtheit ist. Das ist der Maßstab für den Aufbau der Logik, von dem Allgemeinsten aus, d. h. dem am wenigsten Bestimmten, in dem sozusagen fast noch gar nichts begriffen ist, zu dem vollen Inhalt des Begriffs stetig fortzuschreiten und so den ganzen Inhalt des Denkens zu entfalten.

Um die Idee der Logik näher zu bestimmen, gilt es aber auch, sich den methodischen Unterschied zwischen Hegels Wissenschaft der ‚Phänomenologie des Geistes‘ und der Wissenschaft der ‚Logik‘ bewußt zu machen. Hegel selbst hat in seiner Einleitung in die ‚Logik‘ die Dialektik der Phänomenologie als ein erstes Beispiel seiner dialektischen Methode zitiert. Insofern besteht gewiß kein absoluter Unterschied zwischen der in der ‚Phänomenologie‘ und der in der ‚Logik‘ vorliegenden Dialektik. Die frühere Meinung, die durch die spätere ‚Enzyklopädie‘ geprägt war, wonach die phänomenologische Dialektik ‚noch nicht‘ die reine Methode der Dialektik darstelle, ist so nicht haltbar. Das beweist allein schon die Tatsache, daß die in der Vorrede zur ‚Phänomenologie‘ gegebene Charakteristik der dialektischen Methode als der Methode der Wissenschaftlichkeit Beispiele aus der ‚Logik‘ verwendet – und in der Tat ist diese Vorrede als Einleitung zu dem aus den beiden Teilen einer ‚Phänomenologie des Geistes‘ und einer ‚Logik und Metaphysik‘ geplanten System geschrieben worden. Gleichwohl bestehen Unterschiede, die man sich bewußt machen muß, wenn man einsehen soll, inwiefern auch die ‚Phänomenologie des Geistes‘ Wissenschaft ist, d. h. für die Entfaltung ihrer Gestaltenfolge Notwendigkeit in Anspruch nimmt. In jedem Falle muß die Methode der Dialektik dafür einstehen, daß die Entfaltung des Ganges der Gedanken nicht willkürlich ist, nicht durch den subjektiven Einsatz des Denkenden zustande kommt, der vom einen zum anderen Punkte übergeht, und der insofern äußerlich bliebe, als man von sich aus die verschiedenen Gesichtspunkte ‚wählt‘. Vielmehr muß sich der Fortschritt immanent notwendig ergeben, vom einen Gedanken zum anderen, von einer Gestalt des Wissens zur anderen. In der ‚Phänomenologie des Geistes‘ vollzieht sich das als ein sehr kompliziertes Spiel.

Die Kapitel der Dialektik der ‚Phänomenologie des Geistes‘ sind so aufgebaut, daß in der Regel zunächst die dialektischen Widersprüche aus dem jeweilig thematischen Begriff entwickelt werden, z. B. aus dem Begriff der sinnlichen Gewißheit oder dem der Wahrnehmung, d. h. so, wie sie sich für uns, die wir darüber reflektieren, ergeben – und dann erst wird die Dialektik beschrieben, die das Bewußtsein selber erfährt und durch die es genötigt wird, sich mit seiner Gegenstandsmeinung selber zu ändern. Es kann z. B. nicht länger meinen, mit der sinnlichen Gewißheit, die es erfüllt, mehr zu denken als ein ‚allgemeines Dieses‘, und muß sich daher dem beugen, daß das, was es meint, ein ‚Allgemeines‘ ist, das es als ‚Ding‘ wahrnimmt. Nun ist es richtig, daß das, was sich als die Wahrheit des alten Wissens ergab, wie ein neues Wissen ist und einen neuen Gegenstand meint. Aber es leuchtet nicht ohne eine gewisse Überraschung ein, daß beispielsweise das ,allgemeine Dieses' die Konkretion des ,Dinges' ist und die Gewißheit die der ,Wahrnehmung'. Die Dialektik des Dings und seiner Eigenschaften, in die sich dann das Bewußtsein verstricken wird, erscheint wie eine neue inhaltsvollere Setzung (und nicht als eine notwendige Folgerung). Indessen scheint mir, daß hier ein falscher Anspruch gestellt wird. Die Dialektik des neuen Wissens, z. B. des ,Dings' und seiner Wahrnehmung, die die darin gelegenen Widersprüche entfaltet, hat gewiß thetischen Charakter. Aber nicht diese Dialektik macht die Wissenschaftlichkeit der ,Phänomenologie' aus. Diese Dialektik, die wir in unserer eigenen Reflexion ausspinnen, stellt vielmehr lediglich eine beständig hineinspielende Vermittlung mit den natürlichen Vormeinungen des Bewußtseins dar. Dagegen ist die ,Erfahrung', die das Bewußtsein selber macht und die wir beobachten und begreifen, und sie allein, der Gegenstand der Wissenschaft. In ihr entfaltet sich die immanente Negativität des Begriffs, sich aufzuheben und weiterzubestimmen. Das ist die Notwendigkeit der ,Wissenschaft', und sie ist in der ,Phänomenologie' die gleiche wie in der ,Logik'.

In der ,Phänomenologie des Geistes' vollzieht sich dieser Fortgang der Wissenschaft als ein Hin und Her zwischen dem, was unser Bewußtsein meint, und dem, was in dem, was es sagt, wirklich enthalten ist. So haben wir immer den Widerspruch zwischen dem, was wir sagen wollen, und dem, was wir wirklich gesagt haben, und müssen ständig das, was nicht ausreicht, hinter uns lassen und zu einem neuen Versuch ansetzen, das zu sagen, was wir meinen. Das ist der methodische Progreß, durch den die ,Phänomenologie' zu ihrem Ziele kommt, nämlich zu der Einsicht, daß Wissen dort ist, wo das, was wir meinen, und das, was ist, sich in nichts mehr unterscheiden.

Dagegen wird in Hegels ,Logik' dem Meinen überhaupt kein Platz mehr eingeräumt. Das Wissen ist hier nicht von seinem Inhalt mehr unterschieden. Das war ja das Resultat der ,Phänomenologie' gewesen, daß die höchste Gestalt des Wissens diejenige ist, in der es den Unterschied zwischen Meinen und Gemeintem nicht mehr gibt. Daß Ich und Ding dasselbe sind, hat seine erste überzeugende Ausweisung am Kunstwerk. Das Kunstwerk ist kein Ding mehr, das man irgendwie auffassend in Beziehungen setzt, sondern es ist, wie wir sagen, eine ,Aussage', d. h. es schreibt selbst vor, wie es aufgefaßt sein will. Den gleichen Standpunkt des ,absoluten' Wissens setzt die Wissenschaft, die Philosophie ist, voraus. Daher haben wir es in dem grundlegenden ersten Teil derselben, der ,Logik', die die Wissenschaft von den Seinsmöglichkeiten ist, mit dem reinen Inhalt der Gedanken zu tun, mit den Gedanken, die vollkommen von allem subjektiven Meinen der Denkenden abgelöst sind. Damit ist gar nichts Mystisches gemeint. Das Wissen der Kunst, der Religion und der Philosophie ist vielmehr ein solches Wissen, das zwischen allen Denkenden derart gemeinsam ist, daß es einfach keinen Sinn mehr hat, ein individuelles

Bewußtsein von einem anderen zu unterscheiden. Diese Gestalten subjektiver Gewißheit, die in Aussagen vorliegen, denen gegenüber kein Meinen mehr Vorbehalte macht, sind deshalb die höchsten Gestalten des Geistes. Denn es macht die Allgemeinheit der Vernunft aus, daß sie von jeder subjektiven Bedingung frei ist.

Wenn so das Subjektive überhaupt keinen Platz mehr hat, mag sich das Verständnis der Dialektik der ‚Logik‘ vor die Frage gestellt sehen, wieso hier, wo keine Bewegung des Denkens mehr erfahren wird, eine Bewegung der Begriffe zustande kommen soll. Warum ist das System der Begriffe nicht bloß das, woran die Bewegung des Denkens entlangläuft, sondern selber ein Bewegtes und sich Bewegendes?

In der ‚Phänomenologie‘ ist Weg und Ziel der Denkbewegung klar. Es ist die Erfahrung des menschlichen Bewußtseins, wie sie sich dem beobachtenden Denker darstellt, daß es sich bei seinen ersten Vermeinungen, z. B. bei der sinnlichen Gewißheit als der angeblichen Wahrheit, nicht halten kann, und daß es von Gestalt zu Gestalt und vom Bewußtsein bis zu den höchsten, objektiven Gestalten des Geistes fortgetrieben wird, bis hin zu den Gestalten des absoluten Geistes, in denen Ich und Du dieselbe Seele sind. Woher soll aber in der ‚Logik‘, dort wo es lediglich um die gedanklichen Inhalte, und gar nicht um die Bewegung des Denkens geht, eine Bewegung entstehen und ein Weg durchlaufen werden? Das ist das eigentliche Problem der ‚Logik‘ und in Wahrheit der meistdiskutierte Punkt in dem ganzen systematischen Entwurf Hegels. Schon zu seinen Lebzeiten haben die Gegner Hegels – und als ihr erster und bedeutendster Schelling – die Frage diskutiert, wie in der ‚Logik‘ eine Bewegung von Ideen anfangen und weitergehen kann. Ich möchte zeigen, daß diese scheinbare Schwierigkeit nur dadurch entsteht, daß man den Reflexionsgesichtspunkt nicht genügend festhält, unter den Hegel die Idee seiner transzendentalen Logik gestellt hat.

Es ist nützlich, sich dabei an den platonischen ‚Parmenides‘ zu erinnern. Auch dort werden wir in eine Bewegung des Denkens gerissen, die freilich nicht so sehr eine systematische Bewegung auf ein Ziel hin scheint, sondern mehr eine Bewegung des Enthusiasmus oder der logischen Trunkenheit. Auch dort ist es so, daß es dem Denken sozusagen passiert, daß jeder Begriff nach dem nächsten ruft und nicht auf sich allein besteht, sondern sich mit einem anderen verbindet, und daß am Ende Gegenteiliges herauskommt. Auf diese Weise gelingt das Beweisziel des ‚Parmenides‘, daß das Fürsichdenken einer Idee unmöglich ist und daß nur aus einem Ideenzusammenhange überhaupt etwas Bestimmtes gedacht werden kann, freilich so, daß mit der gleichen Legitimität auch das Gegenteil gedacht werden kann. Da ist gewiß nichts von der Methode Hegels. Es ist mehr eine Art permanenter Unruhe, sofern keine Idee für sich allein gelten kann und sofern das widersprüchliche Resultat des Denkens neue Hypothesen heraufruft. Doch ist auch hier eine gewisse ‚Systematik‘ insofern impliziert, als das Eine, das das Sein ist, sich in die Vielheit entfaltet,

die in ihm gedacht ist, und das Ganze wie ein dialektisches Spiel verläuft, das
die Extreme der Allverbundenheit und der Allgetrenntheit der Ideen entwickelt und insofern das Feld möglicher Bestimmtheit der Erkenntnis
absteckt.

Hegels Anspruch ist freilich von ganz anderer methodischer Strenge. Da
gibt es keine Serie von Hypothesen, die einfach vorgeschlagen werden und die
sich eine nach der anderen im Netzwerk der Ideen zu Widersprüchen zuspitzen
lassen. Da wird ein fester Ausgangspunkt gesichert und dann ein methodischer Fortgang unternommen, in den kein Einsatz des Subjekts mehr eingreift.
Aber wieso fängt in diesem Aufbau logischer Gedanken so etwas wie Bewegung und Fortgang des logischen Gedankens überhaupt an? Das wird sich
an dem Anfang der ‚Logik‘ zeigen müssen.

Dazu ist freilich daran zu erinnern, daß das, was man wirklich den Text
Hegels nennen kann, von derselben Art ist wie in der mittelalterlichen Philosophie das sogenannte Corpus. Hegel hat es wiederholt gesagt, daß Einleitungen, Erläuterungen, kritische Exkurse usw. nicht dieselbe Legitimität haben
wie der Text, d. h. der Gang der Gedankenentwicklung selbst. So behandelt
er seine eigenen Einleitungen – und im Falle der ‚Logik‘, von der wir die
zweite Auflage zu lesen gewohnt sind, sind es nicht weniger als vier Einleitungen, die am Anfang stehen – als etwas, was es noch nicht mit der Sache
selbst zu tun hat. Es handelt sich da lediglich um ein Bedürfnis der äußeren
Reflexion, d. h. der Vermittlung mit den schon mitgebrachten Vorstellungen
des Lesers, dem durch Hegels Erörterungen gedient werden soll. Der wirkliche Text, mit dem die ‚Logik‘ beginnt, macht nur wenige Zeilen aus, die
aber die wesentlichen Probleme der Hegelschen ‚Logik‘ stellen: den Anfang
mit der Idee des Seins, dessen Identität mit dem Nichts und die Synthese der
beiden entgegengesetzten Ideen von Sein und Nichts, die das Werden sei. Das
ist die inhaltliche Bestimmung dessen, womit nach Hegel der Anfang der
Wissenschaft gemacht werden muß.

Die Frage, wie die Bewegung in die Logik kommt, wird sich von diesem
Anfang aus beantworten müssen. Nun ist es klar, und Hegel macht davon
auch erläuternden Gebrauch, daß es im Wesen von Anfang überhaupt liegt,
daß er dialektisch ist, d. h. daß in ihm nichts vorausgesetzt sein darf und er
sich als ein erstes Unmittelbares zeigt, und daß er doch nur Anfang ist, sofern
er Anfang des Fortganges ist, also sich als Anfang vom Fortgang aus bestimmt,
durch ihn ‚vermittelt‘ ist. Wenn nun aber das Sein als das unbestimmte Unmittelbare der Anfang der Logik sein soll: Mag es schon einsichtig sein, daß
ein so abstraktes Sein ‚nichts ist‘, wie ist es einzusehen, daß von diesem Sein
und Nichts her der Fortgang zum Werden einsetzt? Wie kommt die Bewegung
der Dialektik vom Sein her überhaupt in Gang? Auch wenn es überzeugend
ist, daß man Werden nicht denken kann, ohne daß man Sein und Nichts
zugleich denkt, ist es doch gar nicht überzeugend, daß man umgekehrt, wenn
man Sein denkt, das Nichts ist, Werden denken muß. Hier wird ein Übergang

behauptet, dem die Einsichtigkeit offenkundig fehlt, die man als dialektische
Notwendigkeit anerkennt. So läßt es sich etwa durchaus einsehen, daß man
vom Gedanken des Werdens zum Gedanken des Daseins fortschreiten muß.
Alles Werden ist Werden von etwas, das dann durch sein Gewordensein ‚da
ist'. Das ist die alte Wahrheit, die schon Plato im Philebos formuliert als die
γεγεννημένη οὐσία bzw. γένεσις εἰς οὐσίαν. Es liegt im Sinne des Werdens selbst,
daß es seine Bestimmtheit in dem findet, was da am Ende geworden ist.
‚Werden' also führt auf ‚Dasein'. Ganz anders aber ist es mit dem Übergang
von Sein und Nichts in Werden. Ist das überhaupt im selben Sinne ein solcher
dialektischer Übergang? Hegel scheint selbst diesen Fall als einen Sonderfall
zu markieren, wenn er bemerkt, daß Sein und Nichts „nur im Meinen verschieden sind". Das heißt doch, daß beide, rein für sich gedacht, jedes von dem
anderen nicht unterscheidbar sind. Der reine Gedanke des Seins und der reine
Gedanke des Nichts sind daher so wenig verschieden, daß ihre Synthese gar
nicht eine neue, reichere Wahrheit des Gedankens sein könnte. Hegel drückt
das etwa so aus, daß das Nichts am Sein ‚unmittelbar hervorbricht' (S. 85).
Der Ausdruck ‚hervorbrechen' ist offenbar genau gewählt, um die Vorstellungen von Vermittlung und Übergang fernzuhalten. So heißt es S. 79, daß das
Reden von solchem Übergang den falschen Anschein des Fürsichseins impli-
ziert, und speziell für den Übergang von Sein und Nichts in Werden sagt
Hegel: „jenes Übergehen ist noch kein Verhältnis" (S. 90). Daß das Nichts am
Sein hervorbricht, will also sagen, daß sich zwar in unserem Meinen der
Unterschied von Sein und Nichts als ein äußerster Gegensatz vorfindet, aber
diesen Unterschied festzuhalten, kann dem Denken nicht gelingen.

Nun ist es auffallend, daß hier überhaupt von Meinen die Rede ist. Denn
der Unterschied zwischen dem Meinen und dem, was im Sagen wirklich vorhanden ist, gehört ja wirklich nicht mehr in die Thematik der Logik des ‚reinen
Denkens' (S. 78: „nicht in diese Reihe der Darstellung").

Die Logik hat es mit dem zu tun, was im Denken als ‚Inhalt' da ist, und
entfaltet die Bestimmungen des Gedankens dieses Da. Hier gibt es nichts mehr
von dem phänomenologischen Gegensatz von Meinen und Gemeintem. Gerade
auf dem Resultat der phänomenologischen Dialektik beruhte ja das reine
Denken der Logik. Sachlich ist also der Ausschluß des Meinens aus der Logik
evident. Das soll natürlich nicht heißen, daß es ein Denken gäbe, in dem kein
Meinen wäre. Es soll nur sagen, daß zwischen dem Gemeinten und dem wirklich Gedachten und Gesagten schlechterdings kein Unterschied mehr ist. Es ist
gleichgültig, ob ich etwas meine oder sage oder ein anderer. Im Denken ist
das Gemeinsame gedacht, das alle Privatheit des Meinens von sich ausschließt.
„Ich ist von sich selbst gereinigt" (S. 60).

Wenn nun hier am Anfang der Logik trotzdem auf das Meinen zurück-
gegriffen wird, so nur deshalb, weil wir hier noch am Anfang des Denkens
stehen. Anders ausgedrückt: daß, solange wir bei Sein und bei Nichts als dem
Unbestimmten verweilen, das Bestimmen, das Denken ist, noch nicht begonnen

hat. Der Unterschied von Sein und Nichts ist deshalb auf das Meinen beschränkt.

Darin liegt aber implizit, daß der Sinn des Fortgangs zum Werden nicht
der der dialektischen Fortbestimmung sein kann. Wenn der Unterschied von
Sein und Nichts, der Bestimmtheit des Gedankens nach, zugleich ihre volle
Ununterschiedenheit ist, dann läßt sich die Frage, wie aus Sein und Nichts
Werden hervorgeht, überhaupt nicht mehr sinnvoll fragen. Denn eine solche
Frage schlösse ein, daß es ein Denken gäbe, das sozusagen noch nicht angefan-
gen hätte zu denken. Sein und Nichts sind in dem, was sie als Gedanken für
das Denken sind, so wenig Bestimmung desselben, daß Hegel ausdrücklich
sagen kann, das Sein sei das leere Anschauen bzw. das leere Denken selbst
(S. 67) und genau so das Nichts. ‚Leer‘ heißt nicht, daß etwas nicht ist, sondern
daß da etwas ist, das das nicht enthält, was da eigentlich sein sollte, etwas,
dem das, was es sein kann, abgeht, so wie nach Hegel (S. 79) Licht und Finster-
nis zwei Leere sind, sofern der erfüllte Inhalt der Welt die Dinge sind, die im
Lichte stehen und einander im Lichte stehen. Das leere Denken ist also ein
Denken, das noch gar nicht das ist, was Denken ist. So läßt sich das Zusam-
mensinken von Sein und Nichts im Werden sehr wohl als die eigentliche
Wahrheit des Denkens vollziehen. „Sein geht in Nichts über und Nichts geht
in Sein über" ist also in Wahrheit eine ganz unhaltbare Ausdrucksweise, weil
damit ein schon vorhandenes Sein, das von Nichts unterschieden wäre, vorausgesetzt würde. Man muß Hegel genau lesen, dann sieht man, daß er auch
nichts von einem solchen Übergang sagt. Vielmehr sagt er, „was die Wahrheit
ist, ist weder das Sein noch das Nichts, sondern daß das Sein in Nichts und
das Nichts in Sein – nicht übergeht, sondern – übergegangen ist". Ein Übergang also, der immer schon gewesen ist: Dieser Übergang ist immer ‚perfekt‘.
Worin Sein und Nichts allein sind, ist das Übergehen selbst, das Werden. Es
scheint mir sehr bezeichnend, daß Hegel das Sein wie das Nichts, sei es vom
Anschauen, sei es vom Denken her, zu beschreiben vermag („insofern Anschauung oder Denken hier erwähnt werden kann"). Der Unterschied von
Anschauung oder Denken ist selber ein leerer, solange nicht etwas Bestimmtes
seinen Inhalt ausmacht.

Sein und Nichts sind also eher als analytische Momente im Begriff des
Werdens zu behandeln. Zwar nicht im Sinne der äußeren Reflexion, die die
Einheit des Gedankens durch verschiedene Denkbeziehungen aufgliedert, aber
auch nicht in dem Sinne, in dem aus jeder Synthesis durch Analysis ihrer
Momente der immanente Gegensatz zurückgewonnen werden kann, dessen
Synthesis sie ist; ein solcher Gegensatz setzt Unterschiedenes voraus. Sein und
Nichts sind aber kraft ihrer Ununterschiedenheit erst im reinen und vollen
Inhalt des Begriffs ‚Werden‘ selbst unterschieden.

Was damit gemeint ist, wird vollends deutlich, wenn wir sehen, wie Hegel
nun am ‚Werden‘ die Momente des Entstehens und Vergehens untersucht. Es
ist offenkundig, daß damit der Begriff des Werdens Bestimmtheit gewinnt,

sofern Werden nun ein Zum-Sein- oder ein Zu-Nichts-Werden ist, d. h. Werden bestimmt sich als Übergang in etwas. Es ist eine falsche semantische Verführung, diese erste Bestimmung von Werden unter der Voraussetzung des Unterschieds von Sein und Nichts, und das hieße von dem bestimmten Sein, das Hegel ,Dasein' nennt, her zu denken, vom Dasein her als Vergehen oder auf das Dasein hin als Entstehen. Denn eben das Sein, von dem her oder auf das hin die Bewegung des Werdens verliefe, ist überhaupt erst dadurch, daß sich dieser Verlauf zu ihm bestimmt. Weil Sein und Nichts nur im Werden ihre Realität gewinnen, ist im Werden als dem bloßen Übergehen ,von−zu' weder das eine noch das andere gegeneinander bestimmt. Es ist wirklich die erste Wahrheit des Gedankens: Nicht von dem vorgegebenen Unterschied von Sein und Nichts bestimmt sich das Werden als Entstehen und Vergehen, sondern im Denken der Bestimmung des Werdens als Übergehens tritt diese Differenz an ihm hervor. Es ,wird' in ihm Sein bzw. Nichts. Entstehen und Vergehen sind daher die sich bestimmende Wahrheit des Werdens und halten sich gleichsam das Gleichgewicht, sofern in ihnen keine andere Bestimmtheit ist als die im ,von−zu' gelegene Gerichtetheit überhaupt, die sich durch die Richtungsdifferenz allein weiterbestimmt. Das Gleichgewicht, von dem Hegel zwischen Entstehen und Vergehen spricht, ist nur ein anderer Ausdruck für die Ununterscheidbarkeit, die Sein und Nichts eigentlich sind. Tatsächlich ist das richtig gesehen, daß es im ,Werden' offen ist, ob man etwas als Entstehen oder als Vergehen ansehen will. Alles Entstehen ist, auf das Dasein hin gesehen, ebensosehr Vergehen und umgekehrt − (wie Hölderlin in seiner bekannten Abhandlung über ,das Werden im Vergehen' ganz richtig voraussetzt).

Wenn wir uns also den Fortschritt vom Werden zum Dasein klarmachen wollen, so wird der Sinn von Hegels dialektischer Ableitung über das allgemein Einleuchtende hinaus so zu beschreiben sein: Da der Unterschied von Sein und Nichts inhaltlos ist, ist auch die Bestimmtheit des ,von' und des ,zu', die das Werden ausmachen, nicht vorhanden. Lediglich das ist da, daß es jedenfalls ein ,von−zu' ist und daß jedes ,von−zu' als ein ,von−her' oder als ein ,auf−hin' gedacht werden kann. Was ist, ist also die reine Struktur des Übergangs selbst. Es ist die Auszeichnung des Werdens, das damit sich als sein Inhalt, ein Sein, das nicht Nichts ist, herausstellt. Soweit hat sich der Gedanke nunmehr selbst fortbestimmt, Sein, das nicht Nichts ist, zu sein. Hegel drückt das auch so aus: statt des schwankenden Gleichgewichts von Entstehen und Vergehen ergibt sich die ruhige Einheit des Daseins.

Die dialektische Nachzeichnung der Hegelschen Ableitung möchte verständlich machen, warum die Frage nicht zu stellen ist, wie die Bewegung in das Sein kommt. In das Sein kommt nicht die Bewegung. Das Sein wie das Nichts dürfen nicht wie Seiendes verstanden werden, das außerhalb des Denkens schon da ist, sondern als die reinen Gedanken, bei denen hier nichts vorzustellen ist als sie selbst. Sie kommen nur in der Bewegung des Denkens überhaupt vor. Wer fragt: wie kommt das Sein in Bewegung?, sollte sich eingestehen, daß er damit von der Bewegung des Denkens, in der er sich so fragend befindet, abstrahiert. Aber er läßt diese Reflexion draußen, als ,äußere Reflexion'. Im Sein wie im Nichts ist gewiß nichts Bestimmtes gedacht. Was da ist, ist leeres Anschauen oder Denken, das heißt aber: kein wirkliches Anschauen oder Denken. Aber wenn auch nichts anderes als ein leeres Anschauen oder Denken da ist, ist in Wahrheit die Bewegung des Sichbestimmens, also das Werden da. „Es ist eine große Einsicht, die man darin hat, daß man erkannt hat, daß Sein und Nichtsein Abstraktionen ohne Wahrheit sind, das erste Wahre nur das Werden ist" (WW 13, 306).

3

Die Untersuchung des Anfangs der Logik hat uns zu der Einsicht geführt, daß Hegels Anspruch auf die immanente Notwendigkeit der dialektischen Fortentwicklung des Gedankens durch die üblichen Einwände gegen den Anfang der Logik mit dem Sein und dem Nichts in Wahrheit nicht getroffen wird. Wenn man die Aufgabe, die Hegel der Logik gestellt hat, im Auge behält, erweist sich der wissenschaftliche Anspruch der Hegelschen Dialektik als durchaus konsequent. Eine andere Frage ist, ob bei Hegel die Aufgabe, die er der Logik als transzendentaler Logik stellt, überzeugend begründet ist, wenn er sich doch selber auf die sogenannte natürliche Logik, die er in dem logischen Instinkt der Sprache findet, bezieht. Der Ausdruck ,Instinkt', den Hegel hier gebraucht, meint offenbar die bewußtlose, aber unbeirrbare Tendenz auf ein Ziel hin, wie sie das tierische Verhalten oft geradezu zwanghaft erscheinen läßt. Denn das ist der Instinkt: Er tut auf unbewußte Weise und gerade deshalb unbeirrbar all das, was man zur Erreichung eines Zieles mit Bewußtsein getan haben möchte. Mit der Rede vom logischen Instinkt der Sprache ist also die Richtung und der Gegenstand der Tendenz des Denkens auf ,das Logische' hin gemeint. Das hat zunächst einen ganz umfassenden Sinn. In der Tat schlägt sich in der Sprache – und zwar nicht nur in ihren grammatisch-syntaktischen Formen, sondern ebenso in ihren Nennworten – die objektivierende Tendenz der Vernunft nieder, wie sie das Wesen des griechischen Logos ausmacht. Daß das Gedachte und Gesagte offenbar gemacht ist, so daß man gleichsam auf es zeigen kann, und das sogar dann, wenn damit nicht einmal eine eigene Stellungnahme zur Wahrheit des Gesagten in Anspruch genommen wird, daß vielmehr auch im Dahingestelltseinlassen die objektivierende Tendenz der Vernunft sich erfüllt, gibt dem Denken und Sprechen die Auszeichnung, in universaler Weise vergegenständlichend zu sein. So hat schon Aristoteles den λόγος ἀποφαντικός vor allen anderen Redeweisen ausgezeichnet, weil es in ihm auf nichts als auf ,Offenbarmachen' (δηλοῦν) ankommt, und er hat damit die Aussage-Logik begründet, deren Vorherrschaft erst in jüngster Zeit, z. B. durch Hans Lipps' ,Hermeneutische Logik' und

durch Austins ‚How to do things with words?‘ eingeschränkt worden ist.
Hegel radikalisiert aber die aristotelische Tradition nicht nur mit Hilfe der
Dialektik, sondern vor allem dadurch, daß er in seiner ‚Logik‘ die logische
Struktur der Dialektik selber zu Begriff bringt. Nun sind die eigentlich ‚logischen‘ Bestimmungen, die die Beziehungen des Gedachten zueinander ausmachen, wie Identität, Verschiedenheit, Relation und Verhältnis usw., die
Plato (Soph. 253) mit den Vokalen verglich, immer nur in der Weise wirksam,
daß sie in der Sprache wie eingehüllt sind. In der Grammatik reflektieren sich
also logische Strukturen. Indessen meint die Rede von dem logischen Instinkt
der Sprache offenbar noch mehr. Sie meint, daß die Sprache sich auf die Logik
hin bewegt, indem die im Sprechen naturhaft wirksamen Kategorien in der
Logik als solche eigens gedacht werden. In der Idee der Logik vollendet sich
danach die Sprache, indem das Denken alle Denk-Bestimmungen, die in ihm
vorkommen und die sich in der natürlichen Logik der Sprache wirksam
machen, durchläuft und zum Denken des Begriffs zusammenschließt.

Es fragt sich indes, ob Sprache wirklich nur eine noch nicht zur gedanklichen Durchdringung ihrer selbst gelangte instinktive Logik ist. Hegel sieht
eine Entsprechung zwischen Logik und Grammatik und vergleicht, der Verschiedenheit der Sprachen und ihres grammatischen Baues ungeachtet, das
Leben, das eine ‚tote‘ Grammatik im wirklichen Gebrauch einer Sprache gewinnt, mit dem Leben, das die Logik gewinnt, wenn man ihren toten Formen-
bestand aus ihrem Gebrauch in den positiven Wissenschaften konkret auffüllt.
So sehr sich aber Grammatik und Logik darin entsprechen, daß sie beide erst
im konkreten Gebrauch sind, was sie sind, so wenig erschöpft sich doch die
natürliche Logik, die in der Grammatik einer jeden Sprache liegt, in der
Funktion, Vorgestalt der philosophischen Logik zu sein. Gewiß ist die Logik
in ihrer traditionellen Gestalt eine reine Formwissenschaft und daher in allem
Gebrauch, den sie in den Wissenschaften und wo immer findet, ein und dieselbe. Das Leben, das sie aus solchem Gebrauch für den Erkennenden gewinnt, ist ihr eigenes Leben. Die Idee der Logik hingegen, die Hegel in der
Nachfolge von Kants transzendentaler Analytik entwickelt, ist nicht in diesem
Sinne formal. Das aber scheint mir eine von Hegel nicht gewünschte Konsequenz zu haben. Ihre Konkretion gewinnt ja diese Logik keineswegs nur
aus ihrem Gebrauch in den Wissenschaften – das war die Einseitigkeit des
Neukantianismus, das Faktum der Wissenschaft so zu monopolisieren. Vielmehr liegt bereits in der ‚Verschiedenheit des menschlichen Sprachbaus‘ eine
hochdifferenzierte Spielweite logischer Antizipationen, die sich in den verschiedensten Schemata sprachlichen Weltzugangs artikulieren. Der ‚logische
Instinkt‘, der gewiß in Sprache als solcher liegt, vermag daher das in der Vielheit der Sprachen Vorgeformte nicht in der Weise auszuschöpfen, daß er sich
als Logik zu seinem Begriff erhebt.

Man kann sich der Aufgabenstellung, die hier liegt, nicht verschließen, wenn
man sich des Verhältnisses von operativem Gebrauch und thematischer Aus-

drücklichkeit von Begriffen erinnert, von dem oben die Rede war, und wenn man dessen Unüberholbarkeit anerkennt. Was für den Aufbau der Logik gilt, daß sie nämlich in ihrer eigenen Ausführung die Kategorien der Reflexion schon gebrauchen und voraussetzen muß, die sie erst dialektisch ableiten will, gilt nicht nur hier, sondern grundsätzlich für jegliches Verhältnis von Wort und Begriff. Auch für das Wort gibt es keinen Anfang mit dem Nullpunkt, und es ist nicht so, daß ein Begriff als Begriff sich bestimmen ließe, ohne daß das Wort, als der Wortgebrauch in aller seiner Vieldeutigkeit, mit im Spiele wäre. Es scheint mir kein Zufall, daß Hegels scharfsinnige Analyse und dialektische Ableitung der Kategorien jeweils dort am überzeugendsten ist, wo er historische Wort-Herleitungen hinzutut. Begriffe sind eben erst das, was sie sind, in ihrer Funktion, und diese Funktion ist von der natürlichen Logik der Sprache beständig getragen. Es handelt sich ja streng genommen gar nicht um eine Ingebrauchnahme von Worten, wenn wir sprechen. Wenn man Worte gebraucht, so will das nicht sagen, daß wir ein gegebenes Werkzeug zu beliebigem Gebrauch verwenden. Worte schreiben selber vor, wie man sie allein verwenden kann. Man nennt das den ,Sprachgebrauch‘, der nicht von uns abhängt, sondern von dem wir abhängen, weil wir gegen ihn nicht verstoßen dürfen.

Nun ist sich dessen Hegel wohl bewußt, wenn er von der ,natürlichen Logik‘ spricht. Auch der Begriff ist nicht ein Werkzeug unseres Denkens, sondern unser Denken hat ihm zu folgen und es findet in der natürlichen Logik der Sprache seine Vorgestalt.

Gerade deshalb aber stellt die Aufgabe der Logik, das was ,einen denkt‘, von sich aus ,rein denkend‘ zu thematisieren, eine unauflösliche Aporie dar. Hegel erfährt und begreift dieselbe als die Unrast des dialektischen Prozesses. Nichtsdestotrotz soll derselbe im absoluten Wissen als dem Denken der Totalität aufgehoben sein, aber es fragt sich, ob dieses ,Sollen‘ nicht an der Unmoralität des Sollens teilhat, die ihre eigene Unwahrheit nie zu überwinden vermag.

In Wahrheit ist unsere menschliche Natur so sehr durch Endlichkeit bestimmt, daß das Phänomen der Sprache und das Denken, das sie einzuholen sucht, stets unter dem Gesetz der menschlichen Endlichkeit gesehen werden muß. Für diesen Aspekt ist Sprache nicht eine Durchgangsform der denkenden Vernunft, die sich in der vollen Durchsichtigkeit des Gedachten vollendet. Sie ist nicht ein verschwindendes und vorübergehendes Medium des Gedankens oder seine bloße ,Einhüllung‘. Ihr Wesen beschränkt sich überhaupt nicht auf das bloße Offenbarmachen des Gedachten. Der Gedanke gewinnt vielmehr selbst erst sein bestimmtes Dasein dadurch, daß er im Wort gefaßt wird. So zeigt sich die Bewegung der Sprache als eine doppelt gerichtete: Sie zielt auf die Objektivität des Gedankens hin, aber sie kommt auch von ihm her als die Zurücknahme aller Vergegenständlichungen in die bergende Gewalt des Wortes. Wenn Hegel ,das Logische‘ als das Innerste der Sprache zu enthüllen und in seiner ganzen dialektischen Gliederung zur Darstellung zu bringen unternahm, so hat er insoweit recht, als er darin den Versuch sieht, die Gedanken Gottes vor der Schöpfung nachzudenken – ein Sein vor dem Sein. Aber das Sein, das an dem Anfang dieses Nachdenkens steht und in der vollen Vergegenständlichung seines Gehalts das Ende im Begriff findet, setzt selber immer schon Sprache voraus, in der das Denken seine eigene Stätte hat. Hegels methodische Hinführung auf den Anfang des reinen Denkens, seine ‚Phänomenologie des Geistes‘, erbringt diese Voraussetzung nicht, sondern setzt ihre alles tragende und begleitende Leistung beständig voraus. Sie bleibt so selber auf die Idee der totalen Vergegenständlichung des Selbst bezogen und vollendet sich als das absolute Wissen, und dessen unaufhebbare Schranke ist es, die in der Erfahrung der Sprache manifest wird. Was Sprache sprechend sein läßt, ist nicht Sein als die abstrakte Unmittelbarkeit des sich selber bestimmenden Begriffs – es ist ein Sein, das man viel eher von dem her zu beschreiben hätte, was Heidegger ‚Lichtung‘ nennt. Lichtung aber enthält Entbergung und Bergung zugleich.

Denken, das die Leistung der Sprache, im Entbergen und Vergegenständlichen zugleich bergend zu sein, denken möchte, wird in Hegels Versuch einer Logik nur eine Seite der Wahrheit anerkennen können, die der vollendeten Bestimmtheit des Begriffs. Indessen ist diese Feststellung nicht alles. Wäre es alles, so bliebe eine wesentliche Problembeziehung unbeachtet, die zwischen Hegel und Heidegger spielt. Indirekt nämlich weist Hegels Idee der Logik über sich selbst hinaus, sofern Hegel in der Wendung ‚das Logische‘, die er liebt, die Unvollendbarkeit des ‚Begriffs‘ der Sache nach anerkennt. ‚Das Logische‘ ist nicht der Inbegriff oder die Totalität aller Gedankenbestimmungen, sondern die Dimension, die, wie das geometrische Kontinuum allen Punktsetzungen, so allen Setzungen von Gedankenbestimmungen vorausliegt. Hegel nennt es auch ‚das Spekulative‘ und spricht von dem ‚spekulativen Satz‘, der allen Aussage-Sätzen gegenüber, die einem Subjekt ein Prädikat zusprechen, ein Insichgehen des Denkens zumutet. Zwischen Tautologie und Selbstaufhebung in der unendlichen Bestimmung seines Sinnes hält der ‚spekulative Satz‘ die Mitte, und hierin liegt die höchste Aktualität Hegels: der spekulative Satz ist nicht so sehr Aussage als Sprache. In ihm ist nicht nur die vergegenständlichende Aufgabe der dialektischen Explikation gestellt, sondern zugleich ist die dialektische Bewegung in ihm zum Stehen gebracht. Das Denken sieht sich durch ihn sich selbst zugestellt. So wie in der sprachlichen Formel – nicht der des Urteilssatzes, aber z. B. des Urteilsspruches oder Fluches – das Gesagtsein selber da ist und nicht nur das, was sie besagt, ist im spekulativen Satz das Denken selber da. Der ‚spekulative Satz‘, der so das Denken herausfordert und bewegt, hat somit auf eine unverkennbare Weise Bestand in sich selbst, wie das lyrische Wort und wie das Sein des Kunstwerkes überhaupt. In dem Bestand des dichterischen Wortes und des Kunstwerkes liegt eine Aussage vor, die in sich ‚steht‘, und wie der spekulative Satz die dialektische ‚Darstellung‘ fordert, so fordert das ‚Kunstwerk‘ Deutung, mag es auch von keiner Deutung voll ausgeschöpft werden.

Damit meine ich, daß der spekulative Satz so wenig ein seinem Aussagegehalt nach abgrenzbares Urteil ist, wie ein zusammenhanglos einzelnes Wort oder eine aus ihrem Zusammenhang gerissene kommunikative Äußerung in sich selbst eine geschlossene Sinneinheit darstellt. Wie das Wort, das einer sagt, auf das Kontinuum zwischenmenschlicher Verständigung bezogen ist, aus der es sich so sehr bestimmt, daß es sogar ‚zurückgenommen‘ werden kann, so verweist auch der spekulative Satz auf ein Ganzes der Wahrheit, ohne selber dieses Ganze zu sein oder zu sagen. Dies Ganze, das nicht Seiendes ist, denkt Hegel als die Reflexion in sich, durch die es sich als die Wahrheit des Begriffes erweist. Indem der spekulative Satz das Denken auf den Weg des Begreifens nötigt, bringt das Denken ‚das Logische‘ als die immanente Bewegung seines Inhalts zur Entfaltung.

Wenn dennoch in der Tendenz auf ‚das Logische‘ der Begriff als die vollendete Bestimmung des Unbestimmten gedacht ist und sich in ihm nur die eine Seite der Sprache, ihre Tendenz auf das Logische, vollendet, behält gleichwohl das Insichsein der Reflexion eine beständig verwirrende Entsprechung zu dem Insichstehen des Wortes und dem des Werkes der Kunst, in dem Wahrheit ‚geborgen‘ ist – und weist damit auf jenen Begriff von ‚Wahrheit‘, den Heidegger als das ‚Ereignis des Seins‘ zu denken sucht und der, wie aller Erkenntnis, so auch aller Bewegung der Reflexion erst ihren Raum öffnet.

Heidegger selbst bezeugt diese Verweisung und die Versuchung, die das Spekulative darstellt, immer wieder: nicht nur durch die beständige Faszination, durch die ihn Hegels Dialektik zur Auseinandersetzung und Abgrenzung reizt – es gibt darüber hinaus gelegentliche Äußerungen von erhellendem Beziehungsreichtum, die hier der Erörterung bedürfen. Da ist vor allem die Arbeitsnotiz im Nietzsche-Werk II, 464:

> „Reflexion, seinsgeschichtlich, da-seinshaft begriffen:
> der Rückschein in die ἀλήθεια, ohne daß diese
> selbst als solche erfahren und gegründet ist
> und zum ‚Wesen‘ kommt.
> Das Unheimische des Rück-scheins des Sichzeigenden.
> Die Ansiedlung des Menschen in einem seiner Wesensorte.
> Reflexion – Gewißheit, Gewißheit – Selbstbewußtsein.“

Hier nennt Heidegger die ‚Reflexion‘ den „Rückschein in die Aletheia, ohne daß diese selbst ... zum ‚Wesen‘ kommt“. Damit bezieht er selber die Reflexion auf das hin, was er im Begriff der Aletheia denkt und hier das wesende Sein der Aletheia nennt. Freilich ist diese Bezugnahme eine Unterscheidung, die Dimension ‚des Logischen‘ ist nicht der Raum der Aletheia, der von Sprache gelichtet ist. Denn die Sprache, in der wir leben, ist in einem ganz anderen Sinne ein Element, als es die Reflexion ist. Sie hält uns ganz umfangen, wie

die Stimme der Heimat, die eine unvordenkliche Vertrautheit atmet. Heidegger
nennt die Sprache daher das wohnliche ‚Haus des Seins‘. In ihr geschieht zwar
auch und gerade Entbergung des Anwesenden bis hin zur vergegenständlichenden Aussage. Aber das Sein selber, das in ihr seine Stätte hat, wird als solches
darin nicht entborgen, sondern hält sich inmitten von aller Entbergung, die
im Sprechen geschieht, so verborgen, wie im Sprechen die Sprache selber das
wesenhaft Verborgene bleibt. So sagt Heidegger auch nicht etwa, daß die
Reflexion diese ursprüngliche ‚Lichtung‘ durchmißt, sondern nennt sie den
Rückschein des Sichzeigenden, indem sie im ruhelosen Unterwegs dieses Rück-
scheinende vor sich zu bringen sucht. In diesem Sinne ist die Reflexion, die
die Bewegung der Logik ist, ‚unheimisch‘, sie kann nirgends verweilen. Das
Sichzeigende, das als der Gegenstand des Denkens und Bestimmens begegnet,
hat wesenhaft die Begegnisweise des ‚Gegenstandes‘. Das macht seine unaufhebbare ‚Transzendenz‘ für das Denken aus, die es nicht zuläßt, daß wir in
ihm heimisch sind. Das Begreifen, das diese Transzendenz gleichwohl aufzuheben sucht, und das Hegel als die Grundbewegung der Selbsterkenntnis
im Anderssein entfaltet, wird daher stets auf sich selbst zurückgeworfen und
hat entsprechend den Charakter der Selbstvergewisserung des Selbstbewußtseins. Auch dies ist eine Art der Aneignung und ist die ‚Einhausung‘, die das
Wesen der abendländischen Zivilisation geprägt hat. Das Andere zum Eigenen
machen, heißt die Natur durch Arbeit überwinden und unterwerfen. Heidegger
ist weit davon entfernt, hier Töne der Kulturkritik anzustimmen. Er nennt
es vielmehr in seiner Notiz, die wir auslegen, ausdrücklich „die Ansiedlung
des Menschen in einem seiner Wesensorte“. Weil sie das Seiende zum Gegenstand macht, sei sie freilich in einem wesenhaften Sinne „Ent-eignung des
Seienden“. Es gehört sich selbst nicht, weil es ganz und gar uns zugestellt ist.
Hegel erscheint unter dieser Perspektive als die konsequente Vollendung eines
von weither kommenden Denkweges, ein Ende, in dem philosophische Folge-
gestalten wie sie Marx oder der logische Positivismus darstellen, vorgezeichnet
sind.

Und doch tritt damit auch ins Licht, was sich dieser Perspektive des Denkens
entzieht und was Schelling zuerst empfand und Heidegger zu der Frage nach
dem Sein, das nicht Sein des Seienden ist, entfaltete. Der Rückschein des Sichzeigenden – übrigens eine wörtliche Übersetzung von Reflexion – ist der ursprünglichen ‚Lichtung‘, in welcher überhaupt erst Seiendes zum Sichzeigen
kommt, gewiß entgegengesetzt. Es ist in der Tat eine andere ursprünglichere
Vertrautheit als die durch Aneignung erworbene und erwachsene, die dort
waltet, wo Wort und Sprache am Werke sind.

Gleichwohl ist es nichts Geringeres, sondern die volle Ausmessung eines
wesentlichen menschlichen Denkweges, daß Hegel in der ‚Reflexion in sich‘
den ‚Rückschein‘ denkt, den alles Vergegenständlichen wirft. Es liegt in Hegels
Reflexion in sich, die sich als die Bewegung der Logik entfaltet, die Gewahrung
einer Wahrheit, die nicht die des Bewußtseins und seines ‚Gegensatzes‘ ist, d. h.

gerade nicht ‚Aneignung‘ des Sichzeigenden sein will, sondern im Gegenteil solche Reflexion als ‚äußere‘ gegen die Reflexion des Gedankens in sich abhebt. Das tritt durch Hegels ‚Logik‘ heraus. Wenn man, wie Hegel in der ‚Phäno-menologie‘, der Erfahrung des Bewußtseins in der Weise folgt, daß man alles Fremde als ein Eigenes zu erkennen lehrt, sieht man, daß die eigentliche Lek-tion, die das Bewußtsein empfängt, keine andere ist als die Erfahrung, die das Denken mit seinen ‚reinen‘ Gedanken macht. Nun ist es aber nicht nur so, daß die ‚Phänomenologie‘ auf die ‚Logik‘ hinausweist. Weist nicht die Logik des sich selbst entfaltenden Begriffs ihrerseits notwendig über sich hinaus, nämlich auf die ‚natürliche Logik‘ der Sprache zurück? Das Selbst des Begriffs, in dem sich das reine Denken begreift, ist am Ende selber nichts Sichzeigendes, sondern in allem, was ist, ebenso wirksam wie die Sprache auch. Die Be-stimmungen der Logik sind nach Hegel nicht ohne die ‚Hülle‘ der Sprache, in die der Gedanke eingehüllt ist. Das Medium der Reflexion, in dem sich der Fortgang der Logik bewegt, ist aber seinerseits nicht in Sprache gehüllt (wie die jeweilige begriffliche Bestimmung), sondern als Ganzes, als ‚das Logische‘, auf die Helligkeit der Sprache rückscheinend bezogen. Das wird an Heideggers Arbeitsnotiz indirekt sichtbar.

Wenn sich die Hegelsche Idee der Logik den Bezug auf die natürliche Logik, die in ihr zu reflexivem Bewußtsein kommt, voll eingestehen würde, müßte sie sich wieder ihrem klassischen Ursprung in Platos Dialektik und in Aristo-teles’ logischer Überwindung der Sophistik nähern. So wie sie vorliegt, bleibt sie eine großartige Durchführung der Aufgabe, das Logische als die Grundlage universeller Vergegenständlichung zu denken. Hegel hat damit jene Erweite-rung der traditionellen Logik in eine transzendentale ‚Logik der Gegenständ-lichkeit‘, die mit Fichtes ‚Wissenschaftslehre‘ begann, zur Vollendung geführt. Aber in der Sprachlichkeit alles Denkens bleibt eine Gegenrichtung für das Denken gefordert, die den Begriff in das verbindende Wort zurückverwandelt. Je radikaler sich das vergegenständlichende Denken auf sich selbst besinnt und die Erfahrung der Dialektik entfaltet, desto klarer weist es auf das, was es nicht ist. Dialektik muß sich in Hermeneutik zurücknehmen.

IV

HEGEL UND DIE HEIDELBERGER ROMANTIK

Hegels Philosophie war in Deutschland besonders in der zweiten Hälfte des 19. Jahrhunderts sehr umstritten. Gleichwohl steht sie beherrschend über dem ganzen Zeitalter, und was von Deutschland im Ganzen gilt, trifft im besonderen für Heidelberg zu. Wenn man bedenkt, welche Rolle die Philosophie im Heidelberg der letzten hundert Jahre gespielt hat, wenn man an die großen Namen denkt, die mit Heidelberg verbunden sind, an Eduard Zeller, an Kuno Fischer, der mehr als 50 Jahre hier gewirkt hat, an Wilhelm Windelband, an Heinrich Rickert und an Karl Jaspers: diese Männer haben der Universität Heidelberg als einer Stätte philosophischer Studien einen besonderen Klang gegeben. Insbesondere aber ist von Heidelberg, beginnend mit jener berühmten Akademierede von Wilhelm Windelband vom Jahre 1910, die Erneuerung des Hegelstudiums in Deutschland ausgegangen. Es war eine Gruppe junger Leute, die sich da versammelt hatte, deren Namen uns heute zum großen Teil in einer bedeutenden Weise bekannt sind. Ich greife als die wichtigsten dieser Namen heraus: Emil Lask, Paul Hensel, Julius Ebbinghaus, Richard Kroner, Ernst Hoffmann, Ernst Bloch, Eugen Herrigel, Fjodor Stepun und Georg von Lukács. Alle diese Namen weisen am Ende auf einen einzigen zurück, der, wie es 1816 in dem Berufungsschreiben des damaligen Rektors der Universität Heidelberg, des Theologen Daub, hieß, nachdem die Berufung Spinozas im 18. Jahrhundert nicht zum Erfolge geführt hatte, zum erstenmal eine wirkliche Vertretung der Philosophie in Heidelberg herbeiführen würde. Dieser Name ist der Name Hegel. Es sind nur zwei Jahre gewesen, die Hegel in Heidelberg gelehrt hat, bevor er einem Ruf nach Berlin folgte. Aber es waren für ihn wichtige Jahre. Sie bedeuteten für ihn die Wiederanknüpfung an seine ehemalige akademische Lehrtätigkeit und den Abschied von dem Amt als Gymnasialdirektor in Nürnberg, Jahre also, in denen sich der in der Mitte seiner wissenschaftlichen Entwicklung befindliche Mann wieder mit dem akademischen Lehramt verband, die Ernte der reichen didaktischen Erfahrungen, die er als Gymnasiallehrer gesammelt hatte, gleichzeitig einbringend. Die Frucht der erworbenen Erfahrung und erlangten Reife war die sogenannte

Vortrag gehalten anläßlich der 575-Jahrfeier der Universität Heidelberg.
Erstdruck in: Ruperto-Carola, Bd. 30, 1961, S. 97–103.

„Heidelberger Enzyklopädie der philosophischen Wissenschaften", ein Werk, das im Erstentwurf die Grundlinien des Hegelschen Systems beschrieb und durchkonstruierte, die Vorform jenes Systems, das als die letzte und glänzendste Schöpfung der großen Zeit des deutschen Idealismus aus der Berliner Wirksamkeit des Philosophen in die ganze Welt ausgestrahlt ist. Aber es war mehr als der bloße Wiedereintritt ins akademische Lehramt, was durch Hegels Berufung nach Heidelberg zustande kam. Diese Berufung bedeutete, wie Hegel selber bewußt war, die Einkehr in einen von den Musen erfüllten Raum. Hier sind wir am Entstehungsorte der Volksliedersammlung „Des Knaben Wunderhorn", hier in der nächsten Nähe der berühmten Boisseréeschen Gemäldesammlung, der ersten großen deutschen Sammlung alter deutscher und flämischer Meister, die, eine Folge des Säkularisierungsgeschehens jener Jahre, damals durch private Initiative aufgebaut wurde und eine Zeitlang in Heidelberg domiziliert war, bevor sie in den Besitz der Alten Pinakothek in München übergehen sollte.

Es war eine einzigartige Konstellation, in die Hegel hier eintrat. Seine Heidelberger Jahre bedeuteten seine erneute Begegnung mit der Romantik, die ihn in Jena zur Abwehr gereizt hatte, und die ihm nun in verwandelter Gestalt begegnete, geprägt von dem romantischen Geiste und der romantischen Landschaft Heidelbergs. Man bedenke die Paradoxie dieser Situation: den ehrlichen hölzernen Hegel, wie ein Zeitgenosse ihn, durchaus wohlmeinend, charakterisiert hat, an einem Orte und in einem Klima zu denken, das durch den feurigen Görres, durch Achim von Arnim und Clemens Brentano, durch Josef von Eichendorff und Friedrich Creuzer von Poesie förmlich widerhallte. In die Jahre der Heidelberger Wirksamkeit Hegels fiel auch der berühmte Besuch Jean Pauls, der ein wahrer Triumphzug wurde. Die ganze Stadt lag dieser Inkarnation ihres poetischen Ideals zu Füßen. Auf Hegels Anregung hin wurde Jean Paul damals zum Ehrendoktor der philosophischen Fakultät Heidelbergs ernannt. Und doch, wie seltsam schlecht paßte Hegel in dieses Heidelberg, dessen eigentliche Sendung und Leistung die Entdeckung der Volkspoesie war, des Märchens, des Volksbuches, des Volksliedes, alles dessen, was in Hegels Augen mehr wie ein Lallen der Volksseele als wie eine Sprache des Geistes erscheinen mußte. Man möchte es unbesehen glauben, was Hegel später nach der Übersiedlung nach Berlin selber geschrieben hat, daß die romantische Landschaft Heidelbergs für seine Philosophie nicht so geeignet sei wie der Berliner Sand.

Indessen ist es interessant und lohnend, sich die Frage zu stellen, ob nicht die zwei Heidelberger Jahre in Hegels Leben Epoche gemacht haben. Nicht nur, daß er sich hier zahlreiche Freunde erwarb und bei den Studenten großen Anklang fand. Auch umgekehrt hat sein wissenschaftliches Werk die Spur dieser wenigen Jahre dauerhaft in sich bewahrt. Vor allem hat ihn die persönliche Freundschaft, die ihn mit dem Philologen Friedrich Creuzer verband, bei der Ausarbeitung seiner ästhetischen Ideen befruchtet. Wir wissen heute durch einen noch nicht lange bekannten Brief, wie hoch Hegel das Verdienst Creuzers und seines Hauptwerkes über die Symbolik der Alten Welt für seine eigene Ideenbildung eingeschätzt hat. Auch kannte man von jeher aus der Redaktion der Hegelschen Ästhetik-Vorlesungen die ausdrückliche, anerkennende Bezugnahme auf Friedrich Creuzers Werk. So ist es eine begründete Fragestellung, deren Erörterung diese Arbeit gewidmet sei, wie sich innerhalb der Bildung der Hegelschen Anschauung von der Kunst die Heidelberger Jahre und der Einfluß der Heidelberger Romantik spiegelten. Diese Frage ist von eigener methodischer Schwierigkeit. Sie wirft ein Licht auf die besonderen Forschungsaufgaben, mit denen wir es gerade heute, wo die Hegelforschung wieder einmal am Anfang der Veranstaltung einer großen kritischen Ausgabe steht, zu tun haben. Die wirksamste Gestalt, in der Hegels Werk in die Nachwelt hineinzuwirken vermochte, waren ja nicht die von ihm in den Druck gegebenen Werke, die vielmehr durch ein Gestrüpp der skurrilsten Esoterik für das normale Leserbewußtsein versperrt waren. Vielmehr ging die eigentliche Wirkung Hegels von seinen packenden Vorlesungen aus, die von seinen Schülern in der Zeit kurz nach seinem Tode redigiert und in der Gesamtausgabe veröffentlicht wurden. Die Hegelsche Ästhetik gehört zu dem Zyklus dieser Vorlesungen, ja, sie wurde von Hegel besonders oft und mit besonderer Vorliebe wiederholt. Leider ist nun die in Heidelberg konzipierte Urfassung dieser Ästhetik nicht mehr greifbar. Wir müssen uns, wenn wir uns ein Bild jenes ersten Entwurfs der Ästhetik machen und damit auch eine Antwort auf die Frage finden wollen, was der romantische Kunst- und Naturgeist Heidelbergs zu der Konzeption dieser großen zentralen Vorlesung Hegels beigesteuert habe, auf sehr viel kompliziertere und indirektere Wege der Forschung begeben.

Die Erscheinung der Kunst war bereits in Hegels „Phänomenologie des Geistes" vom Jahre 1807 als eine wichtige Gestalt des Geistes ausgezeichnet worden. Sie hieß dort die Kunstreligion, und noch ähnlich fungiert sie, was für unsere Feststellungen von besonderer Wichtigkeit ist, in der in Heidelberg erstmalig zum Druck gekommenen „Enzyklopädie der philosophischen Wissenschaften". Die Frage ist also, wie sich von dieser Frühform seines Verständnisses der Kunst und seiner Perspektive auf das Phänomen der Kunst aus die Spätform, die wir in der Gestalt der redigierten Vorlesungen zur Ästhetik und in der Gestalt der späteren Auflagen der „Enzyklopädie der philosophischen Wissenschaften" kennen, abhebt. Mit anderen Worten, wie sich von dieser Vorform her und durch welche Impulse jene Gestalt der Hegelschen Philosophie der Kunst entwickeln sollte, die die Ästhetik zu einer Geschichte der Weltanschauungen, der Weisen, die Welt anzuschauen und künstlerisch zu gestalten, machen sollte.

Man hat mit Recht darauf hingewiesen, daß die romantische Bewegung aus recht verschiedenen Richtungen bestand und daß insbesondere zwischen Jena und Halle auf der einen Seite und Heidelberg auf der anderen Seite ein tief-

liegender geistiger Unterschied waltet [1]. Die Jenaer Romantik war auf das
klassische Weimar bezogen, auf Schillers und Goethes tyrannische Erziehung
des deutschen Publikums zum ästhetischen Staat, und wie alle Gegnerschaft
und Neuerung blieb diese Romantik der Novalis und Tieck, der Brüder Schlegel und ihrer zahlreichen Gesinnungsgenossen dem ästhetischen Kosmos jener
kleinen Weimarer Republik am Ende eingeordnet. Die Heidelberger Romantik dagegen hat einen völkisch-nationalen und einen politischen Zug, wenn
anders das Innewerden der eigenen geschichtlichen Herkunft zur eigenstaat-
lichen Bildung der Völker und Nationen erst bevollmächtigt. Unzweifelhaft
gehörte Heidelberg im ersten Jahrzehnt des 19. Jahrhunderts, indem es dem
ästhetischen Zug der frühen Romantik die historische Tiefendimension hinzu-
gewann, zu den vorbereitenden Pflegestätten jenes Geistes, der später die
napoleonische Okkupation von sich schütteln sollte. Hegels bekannte Kritik
an der Jenaer Romantik und ihrer gefühlsseligen Innerlichkeit, die sich nicht
die Anstrengung des Begriffes zutraut und nicht auf die Härte der Wirklichkeit einläßt [1a], ließ sich also auf den Heidelberger Geist der Romantik, der
in den Befreiungskriegen zu so machtvoller geschichtlicher und politischer
Wirkung gelangt ist, nicht einfach übertragen. Auch dürfte es eine besondere
Gunst der Vermittlung gewesen sein, durch die Hegel für den romantischen
Geist Heidelbergs überhaupt geöffnet wurde. Zwischen ihm und Friedrich
Creuzer bestand eine besondere, der Befreundung günstige Affinität. Dieser
Mann, weltbekannt durch seine tragische Liebesgeschichte mit Caroline von
Günderode, war selber ein Gemisch von musischer, gefühlvoller Empfindlich-
keit und lehrhafter Pedanterie. Man könnte sich kaum vorstellen, daß der
eigentliche Urheber und Anreger dieser Heidelberger Romantik, daß Josef
Görres, wenn er damals noch in Heidelberg gewesen wäre, mit Hegel einen
guten Faden gesponnen hätte. Welche Wirkung ehedem im ersten Jahrzehnt
des 19. Jahrhunderts in Heidelberg von Görres ausgegangen ist, bezeugt eine
bekannte vielzitierte Schilderung des Dichters Eichendorff. Er schreibt in seinen Erinnerungen: „Es ist unglaublich, welche Gewalt dieser Mann, damals
noch jung und unberühmt, über alle Jugend, die irgend geistig mit ihm in
Berührung kam, nach allen Richtungen hin ausübte. Und diese geheimnisvolle
Gewalt lag lediglich in der Großartigkeit seines Charakters, in der wahrhaft
brennenden Liebe zur Wahrheit und einem unverwüstlichen Freiheitsgefühl,
womit er die einmal erkannte Wahrheit gegen offene und verkappte Feinde
und falsche Freunde rücksichtslos auf Tod und Leben verteidigte. Denn alles
Halbe war ihm tödlich verhaßt, ja unmöglich, er wollte die ganze Wahrheit.
Wenn Gott noch in unserer Zeit Einzelne mit prophetischer Gabe begnadet,
so war Görres ein Prophet, in Bildern denkend, und überall auf den höchsten
Zinnen der wildbewegten Zeit, weissagend, mahnend und züchtigend, auch

---

[1] A. Baeumler in seiner Einleitung zum Bachofenwerk ‚Der Mythos von Orient
und Okzident‘.
[1a] Vgl. O. *Pöggeler*, Hegel und die Romantik, Bonn 1956.

darin den Propheten vergleichbar, daß das ‚Steiniget ihn' häufig genug über ihn ausgerufen wurde.

Sein durchaus freier Vortrag war monoton, fast wie fernes Meeresrauschen, schwellend und sinkend; aber durch dieses einförmige Gemurmel leuchteten zwei wunderbare Augen und zuckten Gedankenblitze beständig hin und her; es war wie ein prächtiges nächtliches Gewitter, hier verhüllte Abgründe, dort neue ungeahnte Landschaften plötzlich aufdeckend und überall gewaltig weckend und zündend fürs ganze Leben."

Man kann sich vorstellen, daß Hegel dieser vulkanisch ekstatischen Gestalt nie eine solche Anerkennung gezollt hätte, wie er dem methodischeren Geist des Philologen Creuzer erwies. Und wirklich hat Hegel später seine Distanz gegen Görres in einer Rezension (Jahrbücher f. wiss. Kritik 1831) deutlich genug ausgesprochen. So war es eine glückliche Konstellation, die Hegel, diesen behäbig unscheinbaren, eher nüchternen als genialischen Mann, dessen philosophischer Genius aller Gefühlsseligkeit abhold war, die Romantik und die großartigen Phantasien eines Görres in der Brechung durch Creuzer aufnehmen ließ [²]. Durch die Vermittlung Creuzers sind entscheidende Impulse, die von Görres ausgegangen sind, auf Hegel übergegangen. Insbesondere war es dessen „Mythengeschichte der asiatischen Welt", ein wogendes fantastisches Riesengemälde, in dem überhaupt keine Disziplin und Methode, und um so mehr Phantasie, Ahndung, Poesie und Prophetie war, was Creuzers Nachforschung nach der Symbolik der alten Völker inspiriert hatte.

Durch die Idee seiner Symbolik hat Creuzer auf Hegel entscheidend gewirkt. Symbolik heißt im Sprachgebrauch Creuzers, den auch Hegel noch festhalten sollte, jenes System bildhafter Weisheit und bildhafter religiöser Überlieferung, das allen religiösen Kulturen der Frühzeit zugrunde lag.

„Das reinste Licht der lautersten Erkenntnis muß sich zuvor in einem körperlichen Gegenstande brechen, damit es nur im Reflex und im gefärbten, wenn auch trüberen Schein auf das ungetrübte Auge falle. Nur das Imposante kann aus dem Schlummer halbtierischer Dumpfheit aufwecken. Was ist aber imponierender als das Bild?" [³]

Creuzer formuliert selber als die Aufgabe der Symbolik, die Gesetze der höheren Bildersprache zu finden, und begründet diese Aufgabe damit, daß es sich darum handle, dort zu suchen, „wo der Mensch, nachdem ihm die innere Welt aufgegangen, gedrungen, ihren Sinn auszusprechen und verzweifelnd zugleich an der Zulänglichkeit der Schrift und Rede, sich dem Schwanken der Begriffe entziehet, unter dem weiten Raum der Anschauung Hilfe sucht". Creuzers Versuch einer Symbolik ist also nicht eine blinde Bilderjagd, sondern die Nachforschung nach der geheimen Systematik in diesen halbkolossalen,

---

[²] Vgl. die wiederholten Bezugnahmen auf Creuzer bei Hegel.
[³] Der Kampf um Creuzers Symbolik, ed. E. Howald Tübingen 1926, S. 48 (Creuzer).

halbgrotesken Bildwerken und Kultformen, die den Orient gegen die klassische Kunstform der Griechen abheben.

Daß die griechische klassische Welt selber kein allererster Anfang war, sondern daß die Griechen den Speer an der Stelle aufgehoben haben, bis zu der ihn andere frühe Völker des Ostens zu schleudern vermocht hatten, das ist eine seit Winckelmann und Herder anerkannte Wahrheit. Das lehrten teils die in der griechischen Literatur selber sich findenden Rückdeutungen auf das ägyptische Altertum, teils las man aus den religiösen Poesien, vor allem aus dem Hesiod, die Zeugnisse einer ungeheuren und furchtbaren religiösen Vorwelt heraus, in der andere göttliche Mächte walteten als die der Olympier, die Titanen, die noch halb in Tiergestalt, halb gar nur als gestaltlose kosmische Potenzen, wie Licht und Nacht, den Anfang der griechischen Göttergeschichte bestimmten. Auch Hegels erste Darstellung der Gestalten des religiösen Bewußtseins in der Phänomenologie des Geistes kennt eine solche Vorgeschichte der Kunstreligion der Griechen, deren wilde Schöpfungen oft etwas Erhabenes haben, aber nicht jene Schönheit des Einklangs zwischen Gestalt und Bedeutung, die die unwiederholbare Auszeichnung der griechischen Klassik ausmacht und der wir die höchste Blüte der plastischen Kunst verdanken, die die Welt gesehen hat. Aber Hegel sowohl wie Görres wie im Grunde allen, die vor ihm in diese Richtung geblickt haben, fehlte noch der vereinende Begriff.

Man wird fragen – nur ein Begriff? Was ist schon, gegenüber der Riesenfülle dieser sich öffnenden Anschauung in die asiatische religiöse Welt, jener Begriff des Symbolischen, unter dem Hegel im Gefolge Creuzers schließlich die Vorzeit der Geschichte der klassischen Kunst zusammenfaßte? Und doch scheint es mir kein Zufall, daß die Einung unter diesem Begriff des Symbolischen, den Hegel von Creuzer aufnahm, erst möglich wurde, als jene Vorzeit ihre eigentliche Konkretion durch das Riesengemälde von Görres' „Mythengeschichte der asiatischen Welt" gefunden hatte. Soviel ich sehe, ist der Begriff des Symbolischen in jenem von Creuzer gebrauchten und von Hegel übernommenen Sinne auch bei Hegel vorher nicht verwandt worden, mindestens nicht als ein spezifischer Wesenszug der religiösen Vorwelt. Denn: Symbolischsein heißt für die Zeitgenossen Allegorisch-sein. Und das will sagen: in der sichtbaren Erscheinung auf ein anderes Unsichtbares und Unendliches hinweisen. Das aber ist für Hegel noch ein allgemeines Charakteristikum der Kunst überhaupt. Sie ist jener Widerspruch von Endlichkeit und Unendlichkeit, der erst im philosophischen Begriff der spekulativen Dialektik und im absoluten Wissen seine Auflösung erfährt. So etwa lesen wir in Hegels Manuskripten der frühen Jenenser Zeit, und so blieb es auch in der Nürnberger Epoche, die seinen Heidelberger Jahren unmittelbar vorausgeht. Nun aber, das heißt, in der aus der Heidelberger Konzeption erwachsenen philosophischen Geschichte der Kunst, die Hegel in seinen Ästhetikvorlesungen mitgeteilt hat, gewinnt alles geschichtliche Färbung. Nun wird das, was der klassischen Kunstperiode als die Kunst des Morgenlandes vorausgeht, symbolisch genannt, weil es durch die Unangemessenheit zwischen Erscheinung und Bedeutung, durch das Hinausdeuten über das Sichtbare, eine formlose erhabene Jenseitigkeit besitzt und den großartigen Hintergrund für die helle Geistigkeit und vollkommene Schönheit der griechischen Götterwelt bildet. Hegel verdankt Creuzer und damit der Heidelberger Romantik, daß er sich von dem abstrakten und polemischen Gegensatz klassischer und romantischer Kunstgesinnung, der damals die ästhetische Diskussion beherrchte, man denke an Schiller und Friedrich Schlegel, befreien und sich auf dem Gebiete der Geschichte der Kunst zuerst zu dem großen Dreitakt erheben konnte, der Vorwelt, klassische Welt und romantische Welt zur Einheit des Geschichtsganges der Menschheit zusammenfaßte.

So ist die Frucht der Heidelberger Jahre, die Konzeption der Ästhetikvorlesung, zugleich der entscheidende Schritt, durch den die systematische Konstruktion der Hegelschen Dialektik sich in eine Philosophie der Geschichte wandelt, der Schritt, durch den die Dimension der Geschichte, die Entwicklung des Geistes in der Zeit, ihr systematisches Eigenrecht gegenüber dem aeternisierenden Blick der philosophischen Dialektik zu entfalten begann. Görres hatte geschrieben: „Kein heiligeres Prinzip hat die Geschichte zu verteidigen, und keines hat sie mit mehr Blut und Tod gegen alle individuelle Beschränktheit durchgesetzt, als jenes von ihrem eigenen stetigen Wachstum ohne Beschränkung der schrankenlosen Zeit. Auch die Religion in ihrer Endlichkeit nimmt an diesem Wachstum teil, sie selbst ist in den Kreis der Seelenwanderung eingeschlossen."

Es ist etwas von der Größe der Görresschen Geschichtsschau, was in Hegels ordnendem Geiste Aufnahme fand.

Dieses Ergebnis unserer Analyse der Quellen läßt sich auch noch bestätigen durch einen Blick auf die Vorlesungen zur Religion, die in Hegels Werk wie die zur Ästhetik ebenfalls in späterer Redaktion überliefert sind, bei denen aber die Gunst der Überlieferungslage insofern besser ist, als das Grundheft Hegels aus der Heidelberger Zeit noch z. T. erhalten ist.

Wir sehen, daß in dieser frühesten Form der Religionsvorlesung eine so straffe begriffliche Gliederung, wie sie durch den Begriff der symbolischen Kunst möglich wurde, noch nicht anzutreffen ist.

Wir können aber noch einen zweiten Punkt anführen, an dem die Heidelberger Konstellation Hegel für die große Leistung seiner späteren Geschichtskonzeption eine wichtige Hilfe gegeben hat; und auch diese Hilfe wird, wie mir scheint, insbesondere der Begegnung mit Friedrich Creuzer verdankt. Es ist die Verstärkung seines Interesses für den Neuplatonismus. Dafür nämlich war Creuzer im ersten Jahrzehnt des Jahrhunderts bereits als ein Vorkämpfer aufgetreten. Wenn man die ersten Bände der Daub-Creuzerschen Studien, die in den Jahren 1805 und folgende in Heidelberg erschienen sind, durchblättert, so findet man dort außer den ersten programmatischen Aufsätzen Creuzers zu seiner ‚Symbolik und Mythologie' und außer manchen sonderbaren, speku-

lativen theologischen Essays von Daub vor allem eine Reihe von Studien und
Übersetzungen von Schriften des Plotin, die aus Creuzers Feder stammen.
Damals hat Creuzer die Schrift ‚Über das Schöne' zuerst ediert, und später
hat er die vorbildliche große Edition geschaffen, die in Oxford gedruckt wurde.
Das ist alles andere als zufällig. Denn Creuzer hat die Idee seiner Symbolik
vor allem durch Berufung auf Plotin und andere neuplatonische Schriftsteller
zu legitimieren gesucht. In ihnen fand er in Weiterbildung eines platonischen
Motivs die Anerkennung der Tatsache, daß es die höchsten Wahrheiten sind,
die sich der Schrift und der Rede entziehen und die deswegen nur in der in-
direkten Form bildhafter Anschauung mitgeteilt werden können. Creuzer
wußte wohl, daß die bewußte allegorische Methode, die in den neuplatonischen Schriftstellern bis zur Abstrusität gepflegt wurde, den Sinn der von ihm
gesuchten Symbolik, nämlich jener geheimen Grammatik des ‚Pantheismus der
Phantasie', nicht erfüllte. Aber weil er keine älteren Zeugnisse für die älteste
Wahrheit der Symbolik auffinden konnte, suchte er durch diese späteren Zeu-
gen hindurch gleichsam den Schimmer der älteren Wahrheit. Bekanntlich
haben die Creuzerschen Forschungen zur Mythologie sehr bald eine vollständige und endgültige Diskreditierung durch die scharfe Kritik der philologisch-
historischen Forschung, insbesondere durch Lobeck erfahren [4]. Aber wir
sehen aus Hegels Verteidigung der Creuzerschen Mythologie in seinen späteren Ästhetikvorlesungen, daß in der Idee dieser Forschung ein Wahrheits-
moment steckt, das die zunehmend nüchterne historische Kritik des 19. Jahrhunderts nicht recht erkannt hat und das auch Creuzer selber nicht so zur
Geltung zu bringen gewußt hat, wie wir es jetzt aus Hegel belegen können.
Hegel schreibt: „Die Völker, Dichter, Priester haben in der Tat die allgemeinen Gedanken, welche ihren mythologischen Vorstellungen zugrunde liegen,
nicht in dieser Form der Allgemeinheit vor sich gehabt, so daß sie dieselben
absichtlich erst in symbolische Gestalt eingehüllt hätten. Dies wird aber auch
von Creuzer nicht behauptet. Wenn sich jedoch die Alten das nicht bei ihrer
Mythologie dachten, was wir jetzt darin sehen, so folgt daraus noch in keiner
Weise, daß ihre Vorstellungen nicht dennoch an sich Symbole sind, und deshalb so genommen werden müssen, indem die Völker zu der Zeit, als sie ihre
Mythen dichteten, in selbst poetischen Zuständen lebten, und deshalb ihr
Innerstes und Tiefstes sich nicht in Form des Gedankens, sondern in Gestalten
der Phantasie zum Bewußtsein brachten, ohne die allgemeinen abstrakten
Vorstellungen von den konkreten Bildern zu trennen." [5] Daß dies wirklich
der Fall sei, haben wir hier (Hegel meint: in der Ästhetik) „wesentlich festzuhalten!" Man sieht, wie Hegel von Creuzer ausgeht und über Creuzer hinausgeht. Creuzer selber hatte die Vorstellungen, die die Aufklärung über die
Religion hegte, insbesondere die über ein Geheimwissen der Priesterschaft,

---

[4] Vgl. Der Kampf um Creuzers Symbolik, ed. E. Howald Tübingen 1926.
[5] *Hegel*, Aesthetik, ed. Bassenge, Frankfurt/M., Bd. I, S. 306 f.

welche ihre Erkenntnisse maskiert und verbirgt, nie ganz überwunden. Erst die entschiedene Akzentsetzung, die Hegel in seine Idee der Symbolik bringt, stellt die Dinge zurecht. Jetzt ist es klar, daß die Form des Gedankens und des Begriffes nicht ein Erstes ist, sondern ein Letztes, etwas, wozu sich der ‚Pantheismus der Phantasie‘ noch nicht zu erheben vermochte. Hegel befreit erst den Creuzerschen Gedanken der Symbolik aus seinen rationalistischen Fesseln. Die bildhafte Sprache der Anschauung, das Imponierende des Bildes, ist nicht eine Form der Verkleidung oder der Instrumentierung einer schon erkannten und begrifflich fixierten Wahrheit. Vielmehr ist es so, daß in der Form bildhafter Phantasie sich etwas dunkel und noch ohne das Bewußtsein seiner selbst zum Ausdruck bringt, was erst noch in die Sprache des Begriffes erhoben werden muß.

Die Bedeutung, die für Hegel und Creuzer die Neuplatoniker gewannen, wies aber im übrigen charakteristische Verschiedenheiten auf, denen wir in unserem Zusammenhange nachgehen müssen. Wir besitzen ein autobiographisches Dokument, eine Äußerung Creuzers in seiner Lebensgeschichte, in der er von dem gemeinsamen Interesse berichtet, das ihn mit Hegel vielfältig verband, und wobei er die lehrreiche Bemerkung einstreut, daß Hegel sich besonders für Proklos interessiert habe, für den er selber weniger Sinn besitze. Damals wurde eine gemeinsame Plotin-Ausgabe in Aussicht genommen, die Creuzer später allein ausgeführt hat. Die Äußerung Creuzers zeigt, wie an demselben Gegenstande der musisch hochreizbare und empfängliche Philologe Creuzer und der von einer fast gespenstischen Dämonie des konstruktiven Gedankens getriebene Hegel in leiser Spannung gegenüberstehen. Plotin war – nach der großartigen Entdeckung dieses Denkers für das Abendland, die in der Florentiner Akademie durch Marsilius Ficinus geleistet worden war – gleichwohl auch für die Tage Creuzers noch eine philologisch gewagte Entdeckung eines Schriftstellers, dessen eigentümlich unklassische Formgebung dem klassizistischen und humanistischen Stilideal sich nicht ohne weiteres einfügte. Das Exemplar der Heidelberger Bibliothek, das ich in diesen Tagen benutzte, enthält eine recht bezeichnende Randglosse von moderner Hand an der Stelle, an der Creuzer ausspricht, daß freilich die Plotinsche Form und schriftstellerische Kunst hinter dem platonischen Original „unendlich zurückbleibe“. Die Randbemerkung macht ein Fragezeichen und empfindet diese Äußerung offenbar als erstaunlich und befremdlich. So sehr hat sich heute dieser spätantike Schriftsteller und Denker das Ansehen eines echten Klassikers und eines großen Stilisten erworben. Creuzer hatte sozusagen noch nicht den ganzen Mut zu seiner Entdeckung. Aber eine Entdeckung war es. Proklos dagegen, für den Hegel optiert, für dessen Werk er sich so sehr erwärmt hat, daß er in seiner Geschichte der Philosophie in Proklos die wahre Vollendung und Synthese der gesamten griechischen Philosophie zu erkennen glaubt, wird heute noch, und mit Recht, in die Reihe jener neuplatonischen Kommentatoren, gezählt, die mit Fleiß und Scharfsinn, aber auch mit Pedanterie und

abstrusester Konstruktionssucht die klassische griechische Philosophie synkre-
tistisch systematisiert und scholastifiziert haben. Ein Autor, den zu lesen eine
rechte Qual ist. Nun will ich nicht sagen, daß es der Heidelberger Aufenthalt
Hegels und Creuzers Einfluß war, der Hegel zum Proklosstudium getrieben
hat. Vermutlich war das bereits in Jena geschehen, und Hegel empfing von da
den ersten Anstoß zu der besonderen Form seiner eigenen philosophischen
Methode, dieser sonderbarsten Form aller Dialektik, durch die sich Hegels
eigener Denkstil von allen zeitgenössischen Spielarten der Dialektik unver-
kennbar unterscheidet [6]. Aber was in Heidelberg der Einfluß eines für die
neuplatonische Philosophie Begeisterten bewirkte, war, wie es scheint, Hegels
Anwendung dieses triadischen Schemas auf die Geschichte und vor allem auf
die Geschichte der Kunst. Welche großartige Paradoxie: der schulmeisterliche
Spätling antiken Denkens als Anreger des letzten großen Systematikers der
abendländischen Metaphysik und als Vorbereiter jener Wendung des philosophischen Gedankens in die Geschichte, der schließlich die Hegelsche Philosophie selber, im Geiste des historischen Jahrhunderts, des neunzehnten, er-
liegen sollte. Mir scheint, daß so erst der Einfluß Creuzers, den Hegel selber
bezeugt, in seiner vollen systematischen Tragweite sichtbar wird.

Hegel verdankt Creuzer nicht nur den zusammenfassenden Begriff, der die
Vorwelt der griechischen Kunst systematisch jener Welt der schönen Kunst unter-
ordnet und in den Zusammenhang einer Weltgeschichte der Kunst eingliedert.
Der Begriff des Symbolischen drückt vielmehr auch das aus, was Hegel von jeher
über das Verhältnis von Kunst, Religion und Philosophie gedacht hatte. Jetzt
aber erhält dieser Begriff des Symbolischen auch in seiner universalen Anwendung eine geschichtliche Färbung. Von jeher nämlich hatte Hegel im Begriff des
Symbolischen das Mißverhältnis zwischen der Endlichkeit der Erscheinung
und der Unendlichkeit des Geistes gedacht. Dieses Mißverhältnis, das dort
notwendig ist, wo in einem Endlichen das Unendliche anschaulich wird, bedeutet für Hegel aber zugleich die Schranke, die dieser Gestalt der Wahrheit
unübersteigbar aufgerichtet ist. Jetzt nun lehrt Hegel, daß auch in diesem
Verhältnis der Begriffe Wahrheit ist, sofern es geschichtlich ist. Die Kunst
gehört als Ganze der Vergangenheit an, gerade weil sie als Ganze symbolisch
ist. Sie ist nicht mehr die höchste Weise, die Wahrheit des Geistes auszusprechen, nachdem das Christentum und seine spekulative Durchdringung durch
den philosophischen Begriff eine neue, innerlichere Form der Wahrheit in die
Welt gebracht hat. Die Form der Kunst bleibt Form der äußeren Vorstellung
und deshalb ist sie als Ganze, wenn auch nicht in ihrer ständigen Möglichkeit,
weiter gepflegt zu werden, vergangen. Hegels Lehre vom Vergangenheitscharakter der Kunst überhaupt, eine jener kühnen Thesen, durch die seine

---

[6] Eine philosophische Interpretation des Proklos verdanken wir inzwischen
Werner Beierwaltes, Proklos. Grundzüge seiner Metaphysik (1965). Dort, S. 5
Anm. 26, wird von dem Verf. eine eigene Untersuchung der Rezeption des Proklos
in Aussicht gestellt.

Systematik zwischen begrifflicher Despotie und echter Intuition so seltsam schwankt, hat sich bewährt, indem sie die Grundlage ist, auf der sich die Philosophie der Kunst in eine echte Geschichte der Kunst gewandelt hat. Nicht nur die vorgriechische Vorzeit entzieht sich, um mit Creuzer zu sprechen, dem Begriff und wendet sich an die Anschauung. Die gesamte Geschichte der Kunst ist von der Wahrheit des Begriffes geschieden. Sie gehört, wie alle anderen geschichtlichen Gestalten des Geistes, zu den Vorgestalten des einen einzigen, seiner selbst gewissen Geistes, der sich für Hegel im philosophischen Begriff vollendet. Daß in allen diesen Vorgestalten aber Wahrheit ist und daß sich in Hegels großartiger Hochsteigerung des Anspruches des philosophischen Begriffes dennoch ein gewaltiges Erbe erworbener historischer Anschauung auffängt und umsetzt, darin ist auch die Spur Heidelbergs in diesem despotischen Geiste der Philosophie nicht vergangen.

V

HEGEL UND HEIDEGGER

Es ist wohl nicht erst eine Formulierung Martin Heideggers, daß Hegel die Vollendung der abendländischen Metaphysik darstelle. Allzu klar liegt es durch die Sprache der geschichtlichen Tatsachen fest, daß mit Hegels System und seinem raschen Zusammenbruch in der Mitte des 19. Jahrhunderts eine zweitausendjährige Tradition, die der abendländischen Philosophie das Gepräge der Metaphysik verliehen hat, zu Ende gegangen ist. Nicht zuletzt drückt sich das in der Tatsache aus, daß die Philosophie seither eine rein akademische Angelegenheit geworden ist bzw. daß nur außerhalb stehende Schriftsteller wie Schopenhauer und Kierkegaard, Marx und Nietzsche – und die großen Romanschriftsteller des 19. und 20. Jahrhunderts – das Zeitbewußtsein zu erreichen und sein weltanschauliches Bedürfnis zu befriedigen vermochten. Wenn Heidegger von der Vollendung der abendländischen Metaphysik durch Hegel spricht, meint er aber nicht das bloße historische Faktum, sondern formuliert zugleich eine Aufgabe, die er die ‚Überwindung‘ der Metaphysik genannt hat. In dieser Formel bedeutet Metaphysik nicht allein die Letztgestalt derselben, die mit Hegels System des absoluten Idealismus erstand und zusammenbrach, sondern ihre erste Gründung durch das Denken Platos und Aristoteles' und ihre sich in allen Wandlungen bis in die neueren Zeiten durchhaltende Grundgestalt, die auch noch den Grund der neuzeitlichen Wissenschaft bildet. Eben deswegen bedeutet aber Überwindung der Metaphysik kein bloßes Hintersichbringen und Sichscheiden von der älteren Tradition des metaphysischen Denkens. Überwindung bedeutet vielmehr, wie es Heidegger in der unnachahmlichen Weise seines eigenen Denkens mit der Sprache formuliert hat, immer zugleich eine Verwindung der Metaphysik. Das, was man verwindet, liegt nicht einfach hinter einem. Wenn man einen Verlust verwinden lernt, so ist dies kein bloßes allmähliches Vergessen und Verschmerzen, oder besser: es ist ein Verschmerzen, d. h. es ist nicht ein langsames Abklingen des Schmerzes, sondern eine bewußte Leistung des Erleidens, so daß der Schmerz nicht spurlos vorbei ist, sondern das eigene Sein dauerhaft und unwiderrufbar bestimmt. Man „bleibt" gleichsam „daran", auch dann noch, wenn man es verwunden hat. Das gilt aber nun im besonderen für Hegel, daß man an ihm in einer eigentümlichen Weise daran bleibt.

Die Aussage, Hegel sei die Vollendung der Metaphysik, hat selber an der eigentümlichen Zweideutigkeit teil, die tatsächlich die Sonderstellung Hegels

Bisher unveröffentlicht.

in der Geschichte des abendländischen Denkens bestimmt. Ist es Ende? Ist es Vollendung? Ist diese Vollendung oder dieses Ende die Vollendung des christlichen Gedankens im Begriff der Philosophie, oder ist es das Ende und die Auflösung des Christlichen im Denken der Neuzeit? Der Anspruch von Hegels Philosophie hat eine immanente Zweideutigkeit an sich, die ihrerseits der Grund dafür ist, daß seine Figur sich auch im geschichtlichen Sinne so darstellt. Sieht die Philosophie der Geschichte, in der die Freiheit als das Wesen des Menschen zu ihrem eigenen Selbstbewußtsein gekommen sei, in diesem Selbstbewußtsein der Freiheit das Ende der Geschichte oder tritt Geschichte am Ende damit gerade in ihr eigentliches Wesen, sofern erst mit dem Bewußtsein der Freiheit aller, diesem christlichen oder revolutionären Bewußtsein, Geschichte zum Kampf um die Freiheit wird? Ist die Philosophie des absoluten Wissens, als welche Hegel den Stand der Philosophie charakterisiert, den das Denken nunmehr erreicht habe, das Resultat der großen geschichtlichen Vergangenheit des Denkens, so daß endlich alle Irrtümer hinter uns liegen, oder ist sie die erste Begegnung mit dem Ganzen unserer Geschichte, so daß geschichtliches Bewußtsein uns seitdem nicht mehr freiläßt? Wenn Hegel im Hinblick auf die Philosophie des absoluten Begriffs von dem Vergangenheitscharakter der Kunst spricht, so scheint selbst diese erstaunliche und provozierende Aussage wieder höchst zweideutig. Ist damit gesagt, daß die Kunst heute keine Aufgabe mehr habe und keine Aussage mehr sei? Oder wollte Hegel damit sagen, daß die Kunst gegenüber dem Standpunkt des absoluten Begriffs ein Vergangenes ist, weil sie immer im Verhältnis zum denkenden Begriff ein Vorgängiges war und immer sein wird? Dann wäre der Vergangenheitscharakter der Kunst nur der spekulative Ausdruck für die sie auszeichnende Gleichzeitigkeit: sie ist nicht in der Weise dem Gesetz des Fortschritts unterworfen, in der der spekulative Gedanke auf dem geschichtlichen Wege der Philosophie erst zu sich selbst kommt. So endet die zweideutige Formel Heideggers von der Vollendung der Metaphysik in einer Hegel und Heidegger gemeinsamen Zweideutigkeit, die sich in die Frage zusammendrängen läßt, ob die umfassende dialektische Vermittlung aller erdenklichen Wege des Gedankens, die Hegel unternommen hat, etwa notwendig jeden Ausbruchsversuch aus dem Reflexionskreis Lügen straft, in dem Denken sich selber denkt. Ist am Ende auch die Position, die Heidegger gegen Hegel zu finden sucht, in dem Bannkreis der inneren Unendlichkeit der Reflexion befangen?

1

In der Tat gehört es zu der geheimen Präsenz, die das Hegelsche Denken über die Zeit seiner Vergessenheit hinaus auszeichnet, die Deutschland in der zweiten Hälfte des 19. Jahrhunderts erfüllte, daß die Figur seines Denkens unüberholbar blieb. Das bestätigt sich nicht nur in der ausdrücklichen Rückbesinnung auf sein Denken, die vor allem in Italien, Holland und England, dann aber auch im Deutschland des 20. Jahrhunderts, in der Form des akademischen Neuhegelianismus ihre Pflege fand, oder auf der andern Seite durch den Umschlag der Philosophie in Politik oder durch die neomarxistische Ideologiekritik. Gewiß nahm Philosophie im Zeitalter nach Hegel neue Gestalten an, aber stets war es Kritik an der Metaphysik, die sich als Positivismus, Erkenntnistheorie, Wissenschaftstheorie, Phänomenologie oder Sprachanalytik ihr eigenes Selbstbewußtsein gab. Auf dem eigensten Felde der Metaphysik fand Hegel keinen Nachfolger mehr. Es blieb Heidegger vorbehalten, wie das übrigens das hegelianisierende Denken innerhalb des ausgehenden Neukantianismus sogleich empfand, daß erst durch ihn die letzte und stärkste Form neukantianischen Denkens, Husserls Phänomenologie, zur Philosophie wurde, oder auch, wenn man das Gleiche mit anderen Maßen messen will, daß durch sein Auftreten Husserls Traum einer Philosophie als strenger Wissenschaft ausgeträumt scheinen konnte. Damit rückt Heideggers Denken in die Nachbarschaft der Hegelschen Philosophie. Gewiß genügt ein halbes Jahrhundert – und so lange ist Heideggers Denken nun schon unter uns wirksam – nicht, um weltgeschichtliche Rangbestimmungen dauerhaft zu sichern. Aber daß es nicht ganz falsch gemessen ist, wenn man Heideggers philosophisches Werk in die Reihe der großen Klassiker des Gedankens einreiht und an Hegel heranrückt, hat eine gewisse negative Dokumentation: Wie Hegel Deutschland und von ihm aus Europa eine Zeitlang ganz beherrschte und dann, in der Mitte des 19. Jahrhunderts, ein völliger Zusammenbruch folgte, so hat auch Heidegger als Denker die zeitgenössische Szene in Deutschland lange Zeit beherrscht, und so ist die Abkehr von ihm heute ebenso eine vollständige. Man wartet heute auf einen Karl Marx, der sich, wie er als Gegner Hegels, dagegen verwahrt, daß man diesen großen Denker wie einen toten Hund behandele.

Es ist eine in allem Ernst zu stellende Frage: Ist das Denken Heideggers ebenso in den Grenzen des Hegelschen Imperiums des Gedankens anzusiedeln, wie das für alle junghegelianischen oder neukantianischen Kritiker Hegels von Feuerbach und Kierkegaard bis zu Husserl und Jaspers gilt, oder beweisen am Ende die Entsprechungen, die Heideggers Denken unleugbar zu dem Hegelschen Denken zeigt, das Gegenteil: daß nämlich seine Frage radikal und umfassend genug ist, nichts von Hegel Gefragtes auszulassen und ihn dennoch zu hinterfragen? Wenn das richtig sein sollte, würde sich übrigens auch unser philosophiegeschichtliches Bild, das wir von Hegels Stellung im Ganzen der idealistischen Bewegung haben, neu bestimmen: einerseits würde Fichte einen selbständigeren Platz erhalten, andererseits würden sich Ahnungen Schellings erfüllen und aus den verzweifelten Gewagtheiten Nietzsches Wahrheiten hervorgehen.

Es würde dann auch alle Merkwürdigkeit verlieren, daß eines der erstaunlichsten Ereignisse in der Geschichte der Weltliteratur, die Entdeckung eines der größten deutschen Dichter, die das 20. Jahrhunderts mit der Entdeckung Friedrich Hölderlins gezeitigt hat, im Denken Heideggers Epoche machte. Hölderlin, dieser unglückliche Dichter und Mensch, war bekanntlich ein naher Freund Hegels seit ihrer gemeinsamen Jugend, und wenn ihm auch die romantische Dichterschule, wenn ihm ein Nietzsche und ein Dilthey eine gewisse bewundernde Vorliebe zuwandten – erst in unserem Jahrhundert rückte er an seinen von nun an unverlierbaren Platz an der Seite der größten deutschen Dichter. Die Tatsache, daß er auch im Denken Heideggers eine wahre Schlüsselposition gewann, bestätigt auf überraschende Weise seine seltsam verspätete Zeitgenossenschaft mit unserem Jahrhundert und erhebt auf der anderen Seite die Konfrontation des Denkens Heideggers mit der Philosophie Hegels über jede Willkür und Beliebigkeit.

Es ist auffällig genug, mit welcher Beharrlichkeit Heideggers Denken um Hegel kreist, und immer neue Abgrenzungsversuche gegen Hegel, bis in unsere Gegenwart hinein, unternimmt. Gewißt drückt sich darin auch die Lebenskraft der Hegelschen Dialektik aus, die sich immer wieder gegen die phänomenologische Arbeitsweise Husserls und Heideggers behauptet, ja, sie immer wieder verdrängt, so daß die handwerkliche Gediegenheit der Phänomenologie allzu schnell vom Zeitbewußtsein wieder vergessen und verlernt worden ist. Es handelt sich aber noch um mehr, nämlich um die Frage, die von vielen an den späteren Heidegger gerichtet worden ist, wie er seine überzeugende Kritik am Bewußtseinsidealismus, mit der ,Sein und Zeit‘ Epoche gemacht hatte, auch noch gegen Hegels ,Philosophie des Geistes‘ durchhalten wolle. Das scheint um so fragwürdiger, als er selber im Denken der ,Kehre‘ seinerseits seine transzendentale Selbstauffassung und die Begründung der Stellung der Seinsfrage im Seinsverständnis des Daseins preisgegeben hat. Rückt er damit nicht notwendig in eine neue Nähe zu Hegel, der die Dialektik des Geistes ausdrücklich über die Gestalten des subjektiven Geistes, über Bewußtsein und Selbstbewußtsein hinausgeführt hat? Insbesondere gibt es in den Augen all derer, die sich gegen Heideggers Denkanspruch zu wehren suchen, einen Punkt, an dem Heideggers Denken immer wieder mit Hegels spekulativem Idealismus zusammenzufließen scheint, und das ist die Einbeziehung der Geschichte in die fundamentale Fragestellung der Philosophie.

Das ist gewiß nicht zufällig oder von ungefähr. Es scheint ein fundamentaler Charakter des philosophischen Bewußtseins des 19. Jahrhunderts, daß es nicht länger ohne geschichtliches Bewußtsein denkbar ist. Dahinter steht offenbar der große Bruch mit der Tradition der christlichen Staatenwelt Europas, der mit der französischen Revolution eintrat. Ihr radikaler Versuch, den Vernunftglauben der Aufklärungsbewegung zur Grundlage von Religion, Staat und Gesellschaft zu machen, hob umgekehrt die Macht der Geschichte und das Bewußtsein der eigenen geschichtlichen Bedingtheit ins allgemeine Bewußtsein, als die große Gegeninstanz gegen die Vermessenheiten eines absoluten Neubeginns. Das Heraufkommen des geschichtlichen Bewußtseins, das damit zum Durchbruch kam, forderte nun auch von dem Erkenntnisanspruch der Philosophie, sich vor ihm zu legitimieren. Jeder philosophische Versuch, seither der großen Tradition des griechisch-christlichen Denkens ein eigenes, und sei es ein noch so Neues, zur Seite zu setzen, konnte nicht länger ohne geschichtliche Selbstbegründung bleiben, und wo eine solche ausblieb oder unzureichend war, mußte solchem Versuch die das allgemeine Bewußtsein erreichende Überzeugungskraft fehlen. Das war insbesondere dem Denker des Historismus, Wilhelm Dilthey, schmerzhaft bewußt.

Auf diesem Hintergrund behielt die radikale und umfassende Art, in der Hegel die geschichtliche Selbstbegründung der Philosophie leistete, allen späteren Versuchen gegenüber eine nicht zu schlagende Überlegenheit. Er vereinigte Natur und Geschichte unter der Herrschaft jenes umfassenden Logosbegriffs, den ehedem die Griechen zur Begründung der Ersten Philosophie gesteigert hatten. Wenn sich die ältere Theodizee noch im Zeitalter der Aufklärung angesichts der Welt, als der Schöpfung Gottes, auf die mathematische Rationalität des Naturgeschehens berief, so dehnte Hegel solche Berufung auf die Weltgeschichte aus. Wie seit den Griechen der Logos oder Nus als der Wesensgrund der Welt gedacht war, aller Unordnung und Regellosigkeit in der sublunaren Welt zum Trotz, so lehrte Hegel auch dem entsetzlichen Widerspruch zum Trotz, den der Wirrwarr der menschlichen Geschichte und Geschicke vor Augen stellt, in der Geschichte Vernunft zu erkennen, und brachte, was ehedem dem Glauben und dem Vertrauen in die Vorsehung anheimgestellt wurde, weil es der menschlichen Erkenntnis und Einsicht verschlossen sei, in das Reich des Gedankens ein.

Das Zaubermittel, durch das es ihm gelang, in dem unsteten Treiben der menschlichen Geschichte eine ebenso überzeugende und vernünftige Notwendigkeit zu erkennen, wie sie seit alters und auch im Zeitalter der neuen Naturwissenschaft die Ordnung und Gesetzmäßigkeit der Natur darbot, war die Dialektik. Hegel knüpfte mit seiner Dialektik an den antiken Begriff derselben an, demzufolge Dialektik in der Zuspitzung von Widersprüchen ihr Wesen treibt. Während aber die antike Dialektik durch die Ausarbeitung solcher Widersprüche lediglich eine vorbereitende Arbeit für die Erkenntnis zu leisten beanspruchte, verwandelt sich für Hegel diese propädeutische bzw. negative Aufgabe der Dialektik in eine positive. Der Sinn der Dialektik ist für Hegel nun geradezu, durch die Zuspitzung zu Widersprüchen den Schritt zu einer höheren Wahrheit zu vollziehen, die die Widersprüche vereinigt. Die Kraft des Geistes ist die Synthese als die Vermittlung aller Widersprüche.

Was Hegel damit aufbietet, drückt sich sehr schön in der Umdeutung aus, die der Begriff der Aufhebung bei ihm gewinnt. Aufhebung hat zunächst einen negativen Sinn. Im besonderen durch Aufweis von Widersprüchlichkeiten wird die Geltung von etwas aufgehoben, d. h. negiert. Für Hegel wandelt sich aber der Sinn von Aufhebung in den einer Bewahrung aller Wahrheitsmomente, die sich in den Widersprüchen geltend machen und sogar zu einer Erhebung derselben zu einer alles Wahre umfassenden und vereinigenden Wahrheit. Damit wird die Dialektik gegen alle Einseitigkeit der Abstraktionen des Verstandes der Anwalt des Konkreten. Die universale Kraft der Vereinigung, die der Vernunft zukommt, weiß nicht nur alle Gegensätze des Gedankens zu vermitteln, sondern auch alle Gegensätze der Wirklichkeit aufzuheben. Eben das bewährt sie in der Geschichte, sofern dies Fremdeste, Unvertrauteste und Feindlichste, was als die Macht der Geschichte über uns kommt, von der Versöhnlichkeit der Vernunft überwunden wird. Die Vernunft ist die Versöhnung des Verderbens.

Hegels Dialektik der Geschichte ist aus der besonderen Problematik herausgewachsen, welche das gesellschaftliche Bewußtsein des ausgehenden 18. Jahrhunderts und insbesondere die akademische Jugend prägte, die ganz von dem Eindruck der französischen Revolution erfüllt war. In Deutschland trafen die Folgen der Emanzipation des dritten Standes, die die französische Revolution gebracht hatte, auf die besondere unglückliche Lage des Deutschen Reiches, dessen Verfassung sich den Bedingungen der Zeit gegenüber als schon längst überlebt erwiesen hatte. So wurde es als Forderung der jungen Generation schon in Hegels Studienzeit in Tübingen laut, daß auf allen Gebieten, dem Bereich der christlichen Religion wie dem der gesellschaftlich-politischen Wirklichkeit, eine neue Identifikation mit dem Allgemeinen möglich werden müsse.

Das Grundmodell, nach welchem der junge Hegel die Identifikation mit dem Allgemeinen darstellte, war das Beispiel des Extrems einer Entfremdung, nämlich die Entzweiung, die zwischen dem Verbrecher und der Rechtsordnung statt hat. Das feindliche Gegenüber, das für den verfolgten Verbrecher die strafende Rechtsordnung darstellt, erscheint als der Prototyp aller Entzweiung, die das alternde, der Verjüngung bedürftige Zeitalter durchzieht. Nun denkt Hegel das Wesen der Strafe eben unter dem Gesichtspunkt durch, daß sich durch sie die Rechtsordnung wiederherstellt. Er erkennt, daß die Feindlichkeit der Strafgewalt auch für den von ihr Betroffenen nicht die eigentliche Wirklichkeit der Strafe und ihren rechtlichen Sinn ausmacht. Es ist vielmehr die Annahme der Strafe durch den Verbrecher, die erst den Rechtssinn der Strafe vollendet. Mit der Annahme der Strafe kehrt aber der Verbrecher in das Leben der Rechtsgemeinschaft zurück. Die Strafe verkehrt sich aus der Feindlichkeit, die sie bedeutete, in die Wiederherstellung der Einigkeit. Das ist die Versöhnung des Verderbens, wie Hegel es in einer großartigen Verallgemeinerung ausdrückt.

Hegels Gedankengang über die Strafe entspringt zwar dem besonderen theologischen Problem, wie eine Vergebung der Sünden mit der göttlichen Gerechtigkeit vereinbar sei, und pointiert den immanenten Sinn des Verhältnisses von Glaube und Gnade. Indessen, das darin veranschaulichte Phänomen einer Verkehrung oder eines Umschlags aus Feindlichkeit in Freundlichkeit hat universale Bedeutung. Es ist das Problem der Selbstentfremdung und ihrer Überwindung, wie es Friedrich Schiller zuerst in seinen Aesthetischen Briefen entfaltet hat, dem Hegel eine zentrale Rolle zuweist und das Karl Marx später auf die Praxis anwenden sollte. Hegel sieht in der Vernunft, die alle Widersprüche vereinigt, die universale Struktur des Seins. Es ist das Wesen des Geistes, das Entgegenstehende in das Eigene zu verwandeln, oder, wie Hegel es auszudrücken liebt, die Selbsterkenntnis im Anderssein zu vollbringen und auf diese Weise die Entfremdung aufzuheben. In der Macht des Geistes ist die Struktur der Dialektik am Werk, die als die universale Verfassung des Seins auch das geschichtliche Wesen des Menschen durchwaltet und die Hegel in seiner ‚Logik' zu systematischer Explikation gebracht hat.

2

Der Aufbau der Hegelschen Logik in den drei Stufen von Sein, Wesen und Begriff, in denen er die formale Begriffsstruktur des Zusichselbstkommens des Geistes durchläuft, rechtfertigt auf eine überzeugende Weise, was Heidegger schon in frühen Jahren von Hegel gesagt hat: er sei der radikalste Grieche. Nicht nur, daß man in den grundlegenden Partien der Logik, insbesondere in der ‚Logik des Wesens', die platonisch-aristotelische und in der ‚Logik des Seins' die vorsokratisch-pythagoreische Gesteinsschicht überall durchschimmern sieht – auch das Bauprinzip des Ganzen verrät bis in die Begriffsworte hinein das Erbe der eleatisch-platonischen Dialektik. Es ist die Ausgesprochenheit der Gegensätze, die sich als das bewegende Prinzip in der Selbstbewegung des Gedankens erweist. Und die Vollendung dieser Bewegung, die totale Selbstdurchsichtigkeit der Idee – und am Ende des Geistes – stellt gleichsam den Triumph der Vernunft über allen Widerstand der Gegenständigkeit dar. So hat auch diese Heideggersche Charakteristik eine radikale Zweideutigkeit an sich: es ist eine Radikalisierung des griechischen metaphysischen Weltdenkens, wenn Hegel die Vernunft nicht nur in der Natur, sondern auch im Bereich der menschlich-geschichtlichen Welt wirksam und siegreich denkt. Aber diese radikale Durchführung des Logos kann in Heideggers Sinne auch als Ausdruck jener Seinsvergessenheit erscheinen, der das neuzeitliche Wesen des sich selber wissenden Wissens und des sich selber wollenden Wollens von seinen griechischen Anfängen an unaufhaltsam zustrebt.

In diesem Lichte zeigt sich Heideggers geschichtliches Selbstbewußtsein als der äußerste Gegenwurf gegen den Entwurf des absoluten Wissens und des vollendeten Selbstbewußtseins der Freiheit, der Hegels Philosophie zugrunde liegt. Aber eben das motiviert unsere Frage. Heidegger denkt bekanntlich die einheitliche Geschichte der Metaphysik, die von Plato bis Hegel das Denken des Abendlandes prägt, als die Geschichte der steigenden Seinsvergessenheit. Indem das Sein des Seienden zum Gegenstand der metaphysischen Frage gemacht wird, kann sich Sein nicht mehr anders denken lassen als vom Seienden her, das den Gegenstand unseres Wissens und unserer Aussagen bildet. Der

Schritt, den Heidegger hinter diesen Anfang des metaphysischen Denkens zu-
rückzutun fordert, kann der eigenen Intention dieses Denkens nach nicht
selber als Metaphysik verstanden werden. Der Rückgang hinter Plato und
Aristoteles, wie ihn Hegels Logik mit dem ersten Bande, der Logik des Seins,
tut, durfte noch als eine Art Vorstufe der Metaphysik gedeutet werden. Aber
schon Nietzsches erbitterte Polemik gegen Platonismus und Christentum und
seine Entdeckung der Philosophie im ,tragischen Zeitalter der Griechen' war
das ahnende Heraufbeschwören einer anderen Vorwelt des Gedankens.
Heideggers neue Vorbereitung der Seinsfrage sucht die begrifflichen Mittel zu
erarbeiten, die eben diese Ahnungen zu konkretisieren vermöchten.

Bekanntlich hat sich Heidegger dabei von dem antigriechischen Moment in
der Frömmigkeitsgeschichte des Christentums leiten lassen: von Luthers ent-
schiedener Forderung an den Christenmenschen, man müsse dem Aristoteles
abschwören, über Gabriel Biel und Meister Eckhart bis zu den tiefsinnigen
Variationen, in denen Augustinus das Mysterium der Trinität philosophisch
umspielt, ist ein antigriechisches Motiv wirksam, das auf das Wort und auf
das Hören weist, die in der alttestamentlichen Gottesüberlieferung die Führung haben. Das griechische Prinzip des Logos und des Eidos, das Aussprechen
und Verwahren des sichtbaren Umrisses der Dinge, erscheint von da aus wie
eine verfremdende Gewalt, die dem Mysterium des Glaubens angetan wird.
All das ist in Heideggers neuer Aufrührung der Seinsfrage wirksam und
erläutert sein berühmtes Wort von der „Oberflächlichkeit der Griechen". Aber
daß in dem Dämmer der vorsokratischen Frühe durch die Hülle des Logos
andere Tiefen hindurchscheinen, die jetzt erst, am Ende der metaphysischen
Tradition und an der Schwelle des heraufziehenden Positivismus und Nihilismus, dem Denken bewußt werden – soll das Zufall sein? Anaximanders Satz,
der Schopenhauer wie eine griechische Version des indischen Pessimismus erschien und ihm jedenfalls eine Vorwegnahme seines eigenen Denkens war,
beginnt nun wie eine Vorwegnahme des Zeitcharakters des Seins zu klingen,
den Heidegger als die ,Weile' denkt. Soll das Zufall sein? Es scheint mir
schwer, der Reflexion auszuweichen, die sich gegenüber der geschichtlichen
Selbstrechtfertigung Heideggers und seinem Rückgang auf die Seinsfrage auf-
drängt: nämlich daß solcher Rückgang zum Anfang nicht selber Anfang ist,
sondern durch ein Ende vermittelt. Kann man es übersehen, daß das Heraufkommen des europäischen Nihilismus, daß der Hahnenschrei des Positivismus
und damit das Ende der „wahren Welt", die nun endlich „zur Fabel wird",
den Schritt des Fragens vermittelt, den Heidegger tut, indem er hinter die
Metaphysik zurückfragt? Und kann es überhaupt ein Sprung sein, der aus
dem Vermittlungszusammenhang des metaphysischen Denkens herausspringt,
der mit dem ,Schritt zurück' getan wird? Ist Geschichte nicht immer Kontinuität? Werden im Vergehen?

Gewiß spricht Heidegger niemals von einer geschichtlichen Notwendigkeit,
wie sie Hegels Konstruktion der Weltgeschichte als der Vernunft in der Ge-

schichte beherrscht. Die Geschichte ist für ihn nicht die durchgerungene Vergangenheit, in der sich die Gegenwart in der Totalität ihrer Gewesenheit selber begegnet. Mit voller Bewußtheit vermeidet Heidegger in seinem späteren Denken die Ausdrücke von Geschichte und Geschichtlichkeit, die von Hegel her das Nachdenken über das Ende der Metaphysik beherrschen und die wir als die Problematik des historischen Relativismus kennen. Er sagt stattdessen ‚Geschick‘ und ‚Geschicklichkeit‘, wie um zu unterstreichen, daß es hier nicht um selbstzuergreifende Möglichkeiten des menschlichen Daseins, um geschichtliches Bewußtsein und Selbstbewußtsein geht, sondern um das, was dem Menschen zugeschickt wird und wovon er so sehr bestimmt wird, daß alle Selbstbestimmung und alles Selbstbewußtsein dahinter zurückbleiben.

Heidegger stellt nicht den Anspruch, die Notwendigkeit dieses Geschichtsganges vom philosophischen Gedanken her zu begreifen. Aber eine innere Folgerichtigkeit spricht er ihm eben doch zu, wenn er das Denken der Metaphysik als die Einheit der Geschichte der Seinsvergessenheit denkt und im Zeitalter der Technik ihre radikale Zuspitzung am Werk sieht. Ja, mehr noch: wenn Metaphysik als Seinsvergessenheit und die Geschichte der Metaphysik bis in ihre Auflösung hinein als die wachsende Seinsvergessenheit verstanden wird, so wird mit Notwendigkeit dem Denken, das dies denkt, zuteil, daß das Vergessene einem wieder kommt. Und selbst daß zwischen der steigenden Seinsvergessenheit und der Erwartung dieses Kommens ein Zusammenhang ist, der dem eines dialektischen Umschlags ähnelt, ist in gewissen Wendungen Heideggers (‚jäh vermutlich‘) selber deutlich.

In der Offenheit für die Zukunft, die alles menschliche Entwerfen anhält, bleibt eine Art geschichtlicher Selbstrechtfertigung am Werke: aus der radikalen Zuspitzung der Seinsvergessenheit, wie sie im Zeitalter der Technologie sich vollzieht, begründet sich für das Denken jene eschatologische Erwartung einer Umkehr, die hinter allem, was produziert und reproduziert wird, das sehen läßt, was ist.

Man muß zugeben, daß solches geschichtliches Selbstbewußtsein nicht minder umfassend ist als Hegels Philosophie des Absoluten.

3

Damit erhebt sich aber zugleich eine neue Frage: Ist das Prinzip der Hegelschen Dialektik wirklich so auf die extreme Konsequenz zu beziehen, die in der Selbstdurchsichtigkeit der Idee bzw. dem Selbstbewußtsein des Geistes gelegen ist? Wenn Sein als das unbestimmte Unmittelbare den Ausgangspunkt der Logik bildet, dann ist zwar gewiß der Sinn von Sein als die ‚absolute Bestimmtheit‘ festgesetzt. Aber macht es nicht eben die dialektische Selbstbezüglichkeit des philosophischen Gedankens aus, daß das Wahre nicht ein von seinem Werden ablösbares Resultat ist, sondern das Ganze seines Werdens und seines Weges und nichts sonst? Gewiß ist es naheliegend, der Selbstapotheose des Denkens, die in dieser Wahrheitsidee Hegels liegt, dadurch entgehen zu wollen, daß man sie ausdrücklich verneint und mit Heidegger die Zeitlichkeit und Endlichkeit des menschlichen Daseins entgegensetzt oder mit Adorno den Widerspruch: das Ganze sei nicht das Wahre, sondern das Falsche. Aber es fragt sich, ob man Hegel damit ganz gerecht wird. Die Zweideutigkeiten, die Hegels Lehren in so reichem Maße aufweisen und die wir eingangs an Beispielen illustriert haben, haben am Ende eine positive Bedeutung. Sie erlauben es nicht, den Begriff des Ganzen und in letzter Konsequenz den Begriff des Seins von der totalen Bestimmtheit her zu denken.

Die allumfassende Synthese, die Hegels spekulativer Idealismus zu leisten beansprucht, enthält vielmehr eine unaufgelöste Spannung. Sie spiegelt sich in dem schwankenden Wortsinn, den das Wort Dialektik bei Hegel aufweist. Einerseits nämlich darf Dialektik die Vernunftansicht heißen, die in allen Gegensätzen und Widersprüchen die Einheit des Ganzen und das Ganze der Einheit zu gewahren vermag. Auf der anderen Seite aber ist Dialektik, wie es dem antiken Wortsinne entspricht, gerade auch die Zuspitzung aller Gegensätze zum ,Fixen' der Widersprüchlichkeit oder, anders gesprochen, die Herausarbeitung der Widersprüche, die das Denken in den Abgrund des Geschwätzes stürzen, wenn sie auch in der Vernunftansicht in spannungsvoller Einheit zusammen bestehen. Hegel nennt, um diesen Unterschied zu betonen, die Vernunftansicht mitunter auch das Spekulative (im Sinne des Positiv-Vernünftigen) und versteht unter Dialektik den Vollzugscharakter des philosophischen Beweisens: das Ausdrücklichmachen der im Positiv-Vernünftigen implizierten und überwundenen Gegensätze. Hier liegt offenbar eine doppelte Orientierung zugrunde: einerseits an dem Methodenideal des vergegenständlichenden Denkens, wie es durch Descartes zuletzt zum Selbstbewußtsein der ,Methode' erhoben worden ist und in Hegels logischem Panmethodismus gipfelt. Auf der anderen Seite liegt aber diesem Methodenideal des philosophischen Beweises die konkrete Vernunfterfahrung voraus, die ihm seine Aufgabe und Möglichkeit eröffnet. Wir haben sie als die Macht der ,Versöhnung des Verderbens' kennengelernt. Sie hat auch in der Durchführung der Hegelschen Logik ihre Dokumentation: der Totalität der Bestimmungen des Gedankens, dem dialektischen Ganzen der Kategorien, liegt die Dimension des Gedankens selber schon voraus, die Hegel mit dem monotheistischen Singular ,das Logische' bezeichnet. Wenn Heidegger einmal gesagt hat, daß ein Denker immer nur das Eine denke, so kann dieser Satz gewiß auf Hegel seine Anwendung finden, der in allem die Einheit des Spekulativen und Vernünftigen gewahrte und bekanntlich von den Rätselsprüchen Heraklits, die dieses spekulative Einheitsprinzip mannigfach variieren, gesagt hat, es gebe keinen Satz Heraklits, den er nicht in seine Logik aufgenommen habe. Die Meisterschaft, mit der Hegel in der Durcharbeitung der geschichtlichen Überlieferung der Philosophie überall dies Eine wiederzuentdecken weiß, bleibt in einem offenkundigen und siegreichen Kontrast zu der despotischen Richterlichkeit, mit der er die Grenzen aller Denkversuche der Früheren aufzuzeigen und die Notwendigkeit in der Geschichte der Philosophie, dieser Odyssee des Gedankens, zu erkennen beanspruchte. Oft scheint es daher nur einer leichten Fortbewegung Hegelscher Interpretationen der Geschichte der Philosophie zu bedürfen, damit das Spekulative und Positiv-Vernünftige im Denken der Früheren überzeugend sichtbar wird.

So ganz anders sieht es aber bei Heidegger auch nicht aus. Gewiß hat sich in seinem Denken die Geschichte der Metaphysik zu einem Gegenwart und Zukunft bestimmenden ‚Seinsgeschick‘ artikuliert, und diese Geschichte der Seinsvergessenheit geht folgerichtig ihrer radikalen Zuspitzung entgegen – aber Heidegger sieht auch die fortwirkende Macht des Anfangs, der über uns hinweggegangen ist – in der Physis des Aritstoteles, im Rätsel der analogia entis, in Leibnizens ‚Durst nach Existenz‘, in Kants ‚endlicher Metaphysik‘, in Schellings ‚Grund in Gott‘ und so am Ende auch in Hegels Einheit des Spekulativen und Vernünftigen.

Es gibt ein äußeres Zeugnis für die Freiheit, die Hegel gegenüber seiner eigenen Methode einzuhalten weiß, und für die Nachbarschaft, durch die Heidegger trotz all seiner Kritik an dem Griechen Hegel zu Hegel gerät, und das ist beider Verhältnis zum spekulativen Geist der deutschen Sprache. Hegels Gebrauch der deutschen Sprache für die begrifflichen Zwecke der Philosophie ist uns nun durch anderthalb Jahrhunderte vertraut. Dem historisch denkenden philosophisch erzogenen Leser begegnet die Ansteckungskraft seiner Sprache in den Jahrzehnten seines Wirkens und Nachwirkens auf Schritt und Tritt. Nicht die paar klappernden Begriffe von Thesis, Antithesis und Synthesis oder von subjektivem, objektivem und absolutem Geist oder gar ihre schematische Anwendung auf den verschiedensten Feldern der Forschung, wie sie in der ersten Hälfte des 19. Jahrhunderts nicht selten war, macht Hegels wahre Präsenz in der Sprache seiner Zeitgenossen aus. Es ist vielmehr die wirkliche Kraft der deutschen Sprache und nicht die schematisierende Präzision solcher künstlicher Begriffsbildung, die seiner Philosophie den Atem des Lebens einhaucht. Nicht umsonst hat es erst in unserem Jahrhundert die ersten Übersetzungen Hegels in die großen Kultursprachen gegeben, die ohne Rückgang auf das deutsche Original den Hegelschen Gedankengang halbwegs zu vermitteln vermögen. Die sprachlichen Möglichkeiten dieser anderen Sprachen erlauben eben eine unmittelbare Abbildung der Bedeutungsvielfalt, wie sie in Begriffsworten wie Sein und Dasein, Wesen und Wirklichkeit, Begriff und Bestimmung liegen, nicht. Das Denken in den möglichen Übersetzungsbegriffen bedeutet daher unvermeidlicherweise die Verführung, in den Begriffshorizont der Scholastik und ihrer neueren Begriffsgeschichte zurückzufallen. Auf keine Weise vermag durch diese fremdartigen Worthüllen die spekulative Kraft hindurchzuscheinen, die in den entsprechenden deutschen Worten und ihrem vielfältig ausgebreiteten Wortfelde mitklingt.

Man nehme einen Satz wie den ersten Satz des zweiten Bandes der Hegelschen Logik, den Heidegger einmal als alter Mann im Kreise seiner auch nicht mehr jungen Schüler aus Anlaß des Freiburger Universitätsjubiläums vor etwa 10 Jahren diskutiert hat: „Die Wahrheit des Seins ist das Wesen". Einen solchen Satz kann man als das Insichgehen des unmittelbaren Seins und als das Eintreten in die Metaphysik des Wesens verstehen – und das ist sogar richtig in Hegels Sinne. Aus der Unentschiedenheit des parmenideischen ‚Seins' tritt die am Logos orientierte Philosophie Platos und Aristoteles' in die Reflexionssphäre von Wesen und Form, Substanz und Existenz, und Hegels Geschichte der Philosophie des Altertums stellt eine Art Kommentar zu diesem Übergang aus dem vorsokratischen in das platonisch-aristotelische Denken dar. Und dennoch ist nicht einer der Wortbegriffe dieses Satzes, weder ‚Wahrheit' noch ‚Sein' noch ‚Wesen', auf den Begriffshorizont der Metaphysik eingeengt, der in den lateinischen Begriffen und ihrer scholastischen Ausarbeitung und Differenzierung den Sprachboden für die Übersetzung Hegels in das Italienische oder Spanische, ins Französische oder Englische hergibt. Die Übersetzung ‚Veritas existentiae est essentia' wäre ein vollkommener Unsinn. Sie bliebe eben alle spekulative Bewegung schuldig, die in den lebendigen deutschen Worten und Wortbeziehungen sprechend wird. Wenn wir ‚Wahrheit des Seins' hören, so klingt bei Wahrheit vielerlei an, was in veritas nicht liegt: Eigentlichkeit, Unverborgenheit, Echtheit, Bewährung usw., und ebenso ist ‚Sein' gewiß nicht Existenz und auch nicht Dasein oder Etwas-Sein, sondern eben ‚Wesen', aber so, daß ‚Sein' wie ‚Wesen' Zeitwort-Charakter haben, nominalisierte Verben sind, die die Bewegung mit evozieren, die Heidegger ‚Anwesen' nennt. Heidegger hatte nicht umsonst diesen Satz zur Diskussion gestellt, sondern in der offenbaren Absicht zu prüfen, ob nicht Hegel an sich selbst vorbeihört und in die methodische Konsequenz des dialektischen Fortgangs zwingt, was ihm die Sprache als tiefere Wahrheit und Einsicht vorhält und entgegenbringt. Läßt man die Sprache sprechen und hört auf das, was sie sagt, dann ist es nicht nur so, daß man anderes aus ihr heraushört, als was Hegel im Ganzen seiner Dialektik der ‚Logik' zu Begriff zu bringen verstand – man ist auch unmittelbar dessen inne, daß der fragliche Satz nicht so sehr eine Aussage über das Wesen ist, als die Sprache des Wesens selber spricht.

Es ist kaum vermeidlich, daß jemand, der diese Darlegungen hört, behauptet, der Sprecher „heideggere" oder sei, wie man in Deutschland bereits in den frühen 20er Jahren sagte, „verheideggert". Wer im Deutschen aber wirklich zu Hause ist, wird sich mit ebensoviel Recht auf Meister Eckhart, Jakob Böhme, Leibniz, oder Franz von Baader berufen können.

Nehmen wir ein Heideggersches Gegenbeispiel: „Das ‚Wesen' des Daseins liegt in seiner Existenz". Bekanntlich hat Sartre diesen traditionell klingenden Satz im traditionellen Sinne dem französischen Existenzialismus dienstbar zu machen versucht – und hat die kritische Abwehr Heideggers hervorgereizt. Heidegger konnte sich darauf berufen, daß im Text von ‚Sein und

Zeit' das Wort ,Wesen' in jene Art von Anführungszeichen gesetzt war, die dem aufmerksamen Leser verrät, daß ,Wesen' hier nicht essentia im traditionellen Sinne meint. ,Essentia hominis in existentia sua consistit' ist nicht Heidegger, sondern höchstens Sartre. Heute wird niemand bezweifeln, daß Heidegger schon damals in ,Wesen' das Zeitwort des Seins meinte und in Sein wie in Wesen die Zeitlichkeit des ,Anwesens'. Auch für Heidegger dürfte gelten, was oben für Hegel gesagt wurde: nicht die besonderen terminologischen Prägungen Heideggers sind es, die seine sprachliche Präsenz ausmachen. Von ihnen erscheinen gewiß manche mehr als eine vorübergehende Zumutung, die an den Gedanken gestellt wird, als daß sie ein wiederholbarer und dauernder Besitz der Sprache des Denkens geworden wären. Aber wie Hegel aus den einfachsten Wendungen der deutschen Sprache, wie z. B. ,an sich', ,für sich', ,an und für sich', oder aus Worten wie ,Wahr-nehmung' oder ,Bestimmung' spekulative Wahrheiten hervorzaubert, so horcht auch Heidegger beständig auf den versteckten Zuspruch, den die Sprache dem Denken gewährt – beide von dem großartigen Vorbild Heraklits fasziniert. Ja, Heidegger hat an einem entscheidenden Punkt seines eigenen Denkweges, dem Punkt der ,Kehre', die Dichtersprache Hölderlins in sein denkendes Sprachbewußtsein einzuholen gewagt. Was ihm auf diese Weise sagbar wurde, ist für sein Zurückfragen hinter die Metaphysik der feste Grund und Boden, auf dem sich seine Kritik an der Sprache der Metaphysik und alle ausdrückliche Destruktion überkommener Begrifflichkeit positiv erfüllt. Gerade deshalb aber muß sich ihm ständig die Aufgabe stellen, seinen eigenen Denkversuch gegen den Hegels abzugrenzen, weil Hegels Begriffskunst aus dem gleichen spekulativen Boden der deutschen Sprache erwachsen ist.

Heidegger aber denkt dem, was Sprache ist, eigens nach. Er nährt damit gegen die griechische Logos-Philosophie, der Hegels methodisches Selbstbewußtsein verschrieben war, einen Gegengedanken. Seine Kritik der Dialektik zielt darauf, daß wenn das Spekulative, das Positiv-Vernünftige als Anwesenheit gedacht ist, es auf ein absolut Vernehmendes bezogen ist, mag dieses Nus, intellectus agens oder Vernunft heißen. Diese Anwesenheit soll ausgesagt werden, d. h. sie wird von der prädikativ strukturierten Aussage in ruheloser Selbstaufhebung umspielt: das ist die Dialektik. Für Heidegger, der nicht auf das Sprechen als Aussage gerichtet ist, sondern auf die Zeitlichkeit des Anwesens selbst, das sich uns zuspricht, ist Sagen stets mehr Sich-Halten-an das zu Sagende im Ganzen und An-sich-Halten vor dem Ungesagten.

Für das metaphysische Denken der Griechen war die Entborgenheit der Verbergung abgerungen, d. h. *Aletheia* wurde als die Überwindung des *Pseudos* bestimmt. Das bedeutet in Heideggers Augen eine Verkürzung dessen, was Sprache ist. Nun kann man gewiß sagen, daß ein gewisses Bewußtsein der Sachlage seit den Tagen Vicos und Herders das beginnende Zeitalter der modernen Wissenschaft begleitet. Aber erst seit die Kommunikationsweisen der modernen Wissenschaft durch die Informationstheorie zu ihrer Perfektion gebracht wurden, tritt umgekehrt das Problem der Sprachabhängigkeit unseres Denkens (und seine relative Sprachunabhängigkeit) ins volle Licht. Mit dem Entbergen ist nicht nur das Verbergen wesenhaft verbunden, sondern auch dessen eigentliche, wenn auch verborgene Leistung, als Sprache das ‚Sein‘ in sich zu bergen.

Denken ist vom Grund der Sprache abhängig, sofern Sprache nicht ein bloßes Zeichensystem zur kommunikativen Übermittlung von Informationen ist. Die Vorbekanntheit des zu Bezeichnenden vor aller Bezeichnung ist nicht der Fall von Sprache. Im sprachlichen Weltbezug artikuliert sich vielmehr das Besprochene selbst erst durch die Sprachverfassung unseres In-der-Welt-Seins. Sprechen bleibt auf das Ganze der Sprache, auf die hermeneutische Virtualität des Gespräches bezogen, durch die Gesprochenes ständig überholt wird.

Eben damit aber überholt das Sprechen auch ständig die Sprachverfaßtheit, in der wir uns finden. Etwa in der Begegnung mit fremden Sprachen, und gar mit Sprachen ganz anderer geschichtlicher Bildung, wird Welterfahrung eingebracht, die uns fehlt und für die uns die Worte fehlen. Aber Sprache ist es nicht minder. Das gilt am Ende auch für die Welterfahrung, die unsere Umwelt fortfährt, uns anzubieten, sosehr sie auch zu einer technisch verwalteten Welt umgearbeitet wird. Mag die Sprache noch so sehr in diese technische Funktion einrücken, als Sprache hält sie gleichwohl die Konstanten unserer Natürlichkeit fest, die in ihr immer wieder zur Sprache kommen. Mit ihr wird auch die Sprache der Philosophie, solange sie Sprache bleibt, im Gespräch bleiben.